Haijie

Das Schicksal vorhersagen

Eine chinesische Astrologin und ihre wahrsagenden Geschichten

Haijie

Das Schicksal vorhersagen

Eine chinesische Astrologin und ihre wahrsagenden Geschichten

Rediroma-Verlag

Bibliografische Information der Deutschen Nationalbibliothek:
Die Deutsche Nationalbibliothek verzeichnet diese Publikation in der Deutschen Nationalbibliografie; detaillierte bibliografische Daten sind im Internet über http://dnb.ddb.de abrufbar.

ISBN 978-3-86870-862-2

Umschlagillustration: crocodile / photocase.de

www.rediroma-verlag.de
10,95 Euro (D)

Inhalt

Einleitung

Vor ein paar Jahren habe ich einmal einen Ausschnitt aus einem Zukunftsfilm gesehen. Dabei ging es darum, die Zukunft vorauszusagen. Man kann anhand des Geburtsgewichtes eines neugeborenen Babys feststellen, an welchen Krankheiten man im Verlauf des Lebens leiden wird.

Damals habe ich geschmunzelt. Denn vor 4000 Jahren haben die chinesischen Astrologen das menschliche Geheimnis anhand des Geburtsdatums bereits gelöst. Mithilfe von Astrologie kann ein erfahrener Astrologe vorhersagen, wie die Zukunft jeder einzelnen Person aussieht und wie das gesamte Leben verläuft.

Viele haben den Wunsch, den Lebensverlauf vorher zu kennen und das Leben zu steuern und darauf aufzubauen. Die chinesische Astrologie heißt auch Bazi Suanming oder die Schicksalsberechnung nach den acht Zeichen. Sie ähnelt einem »Gen-Test« und sagt dem Frager nicht nur anhand seines Datums vieles über seine Gesundheit voraus, sondern gibt auch Auskunft über seine Familie, Ehe, Finanzen, Beruf, usw. Damals haben die chinesischen Astrologen Bazi Suanming entwickelt und es dient von Generation zu Generation sowohl der kaiserlichen Familie als auch der normalen Bevölkerung.

Es geht die Sage, dass der Kaiser Zhu Yuanzhang in der Ming-Dynastie glaubte, dass der Mensch, welcher am selben Tag wie er geboren wurde, auch dasselbe Schicksal teilte. Dadurch fühlte er sich bedroht und gefährdet.

Um seine Macht zu verteidigen und zu festigen, hatte er all diese Leute in den Palast gerufen und einen nach dem anderen umgebracht. Unzählig viele Leben sind seinem Glauben zum Opfer gefallen.

Irgendwann kam ihm ein Gedanke in den Sinn: Warum frage ich nicht zuerst diese Leute, welchen Beruf sie ausüben, bevor ich sie alle töte?

Einer, den er befragte, war ein Imker. Der Imker hatte neun Bienenstöcke, neun Bienenköniginnen und eine große Anzahl von Bienen.

Nach der Befragung war der Kaiser sichtlich geschockt und gleichzeitig erleichtert, denn er hatte neun Verwaltungsbezirke und neun Lehnsfürsten. Die Anzahl, welche er an Menschen hatte, hatte der Imker an Bienen. Die anderen, die er befragte, waren zum Beispiel Fischer oder Schäfer … und sie hatten alle die gleiche Anzahl an Tieren wie der Kaiser an Menschen.

Da überlegte der Kaiser: Es scheint, dass die Untertanen, die dasselbe Geburtsdatum wie ich haben, entweder König über die Fische, Bienen oder Schafe sind. Ich allein bleibe der Machthaber über die Menschen. Von dem Tag an hörte er auf zu töten.

Damals haben unsere Vorfahren den menschlichen Geheimcode bereits entziffert. Man hat festgestellt, dass Menschen mit demselben Geburtsdatum das gleiche Schicksal zugeteilt bekommen. Die Umgebung, in welcher man wohnt, wo man aufwachsen ist und wer die Eltern sind, spielt dabei eine große Rolle, aber der Grundverlauf jedes Schicksals variiert nicht viel.

In der Mitte der 90er Jahre habe ich einen Artikel in einer deutschen Zeitschrift gelesen. Er handelte von Drillingen, die von Beruf Schauspielerinnen waren. Die drei haben sich in demselben Jahr verliebt oder haben geheiratet. Und mit 83 Jahren sind die drei Ehemänner innerhalb von drei Monaten hintereinander gestorben.

Damals war ich sehr beeindruckt und fragte mich, ob es eine Bestimmung von oben war oder doch nur reiner Zufall.

Ich habe zwei Horoskope erstellt, die sehr ähnlich sind. Es ging um zwei Herren, die das gleiche Geburtsdatum hatten. Der eine ist

Deutscher, der andere ist Pole. Unglücklicherweise haben sich die beiden in demselben Jahr ihren Arm gebrochen, der eine durch einen Fahrradunfall, der andere durch ein Karussell.

Nach jahrelangen astrologischen Erfahrungen würde ich gerne meine folgende Erkenntnis teilen: Unser Leben ist schon von Anfang an festgelegt. Unser Leben ist vorprogrammiert, es ist wie eine Telenovela. Die Erde ist eine große Bühne für uns alle. Wir sind nur Schauspieler und Schauspielerinnen, die unbewusst unsere eigene Rolle spielen. Es gibt für jeden eine Antenne nach oben. Wir empfangen durch unsere Gedanken oder unsere innere Stimme ständig Signale, die uns Anweisungen geben und unser Leben steuern und lenken. Der wesentliche Unterschied ist, dass wir unseren Regisseur nicht kennen und ihn nicht zu Gesicht bekommen und dass das Ganze uns verborgen bleibt.

Wenn mir das jemand vor zwölf Jahren gesagt hätte, hätte ich ihn für verrückt erklärt. Ich hielt so etwas schlicht für Unfug. Es klingt zwar unvorstellbar, aber heute kann ich dieser Theorie voll zustimmen. Je mehr ich mich mit der Astrologie beschäftige, desto besser verstehe ich meine Mitmenschen, die Umwelt und den Zusammenhang des Schicksals.

Für Leute, die sehr skeptisch gegenüber der Astrologie sind, habe ich dennoch Verständnis. Die Menschen sind verschieden. Manchen fehlt einfach die Begabung, das Signal wahrnehmen zu können. Dadurch fehlt ihnen auch die entsprechende Schutzenergie.

Es gibt noch eine Geschichte, die ich hier unbedingt erwähnen möchte. Vor einiger Zeit habe ich eine Sendung über deutsche Astrologie gesehen: Mythos Astrologie. Jeder der beteiligten Kandidaten bekam eine Charakterbeschreibung, die ursprünglich Hitler beschrieb. Erstaunlicherweise behaupteten alle Kandidaten, die ahnungslos waren, dass die Beschreibung wie die Faust aufs Auge auf sie selbst zutreffe.

Die Skeptiker waren schadenfroh und machten viel Rummel um diese Sache. Die Astrologin, die das Horoskop erstellt hatte, war sprachlos und musste alle erdenkliche Kritik einstecken. Mit Tränen in den Augen versuchte sie sich zu rechtfertigen.

Ich musste hilflos mit ansehen, wie die Astrologin bloßgestellt wurde. Da dachte ich, hätte sie alles nach der chinesischen Astrologie erklärt, würde so etwas nicht passieren.

Bazi Suanming besteht vor allem aus den fünf Elementen, nämlich Wasser, Feuer, Holz, Metall und Erde. Die fünf Elemente stellen plastisch und lebendig unseren Charakter dar. Es gibt außerdem zehn Energien (Geister), die unser Leben dauerhaft und wechselnd durchwandern. Diese Energien dominieren unser Leben und haben uns jeden Tag, 24 Stunden lang, fest im Griff. Sie führen ihre Arbeit aus und kontrollieren und beeinflussen unser tägliches Verhalten und unser Tun und Treiben. Manchmal steht eine Energie in Vordergrund, manchmal kommt die andere Energie zum Vorschein. Der Unterschied ist, dass bei manchen die Energie sehr stark ausgeprägt ist, bei anderen ist sie wiederum nur fade und schwach. Ein gutes Beispiel: Du empfängst Gäste. Der eine bleibt lange und kehrt immer zurück, der andere ist auf der Durchreise und kann ein paar Stunden oder nur ein paar Minuten bei dir bleiben. Diese sind alle deine Gäste oder Freunde, alle werden bei dir einen mehr oder weniger guten Eindruck hinterlassen.

Das heißt, jeder trägt sämtliche Energie in sich und hat im Leben ein bestimmtes Schattenthema zu bearbeiten – nur eben in unterschiedlich starker Ausprägung. Derjenige, der eine bestimmte negative Energie im Geburtshoroskop hat, behält sie ein Leben lang und muss sich ständig damit beschäftigen. Es ist auch wichtig für uns zu lernen, uns nicht mit der Energie, die einen kurzfristigen Charakter hat, zu identifizieren.

Alles in allem sind die Energien (Geister), die unser Leben beherrschen, dauerhaft und wechselhaft. Sie kommen und gehen. Die einen haben mehr gute Energien in sich, die anderen wiederum weniger. Deshalb benehmen, verhalten und fühlen die Menschen sich von Zeit zu Zeit immer unterschiedlich. Ein guter Astrologe sollte wissen, wo, wann und wie die Energie kommt. Eine allgemeine Charakterbeschreibung kann leicht zu Unglaubwürdigkeit führen.

Manchmal wurde ich gefragt: Sind wir den Geschehnissen der Welt ausgeliefert? Müssen wir unser Schicksal unterordnen? Diese Frage kann ich mit »ja« und »nein« beantworten.

Ja, unser Leben ist determiniert, das Schicksal geht seine eigenen Wege. Die geistige Welt kontrolliert, manipuliert und beeinflusst unser Leben. Alles dreht sich um ihr »Drehbuch«. Aber wenn wir vorher unser Schicksal erkennen und dafür passende Vorkehrungen ergreifen und rechtzeitig vorbeugen, dann können wir auch unser Glück maximieren und das Unglück und Leiden minimieren. Das ist auch der Sinn der Astrologie. Übrigens, da kommt auch die Spiritualität ins Spiel. Die Menschen, die spirituell und intuitiv sind, können besser mit Unglück und Krankheit umgehen. Sie nehmen die Signale von »oben« wahr und können sich auch entsprechend einrichten. Dadurch wird der Heilungsprozess beschleunigt und die Chance zur Genesung größer.

Wenn man krank ist, geht man zum Arzt; wenn man nicht mehr weiß, wie das Leben weitergehen soll, wendet man sich an den Astrologen. Das ist in China und Asien Gang und Gebe. Ich habe selbst Psychologen als Klienten. Wenn sie mit ihrer Beratung nicht mehr weiter wissen, kommen sie auch zu mir, weil die Astrologie sofort ins Schwarze trifft, und sie weiß auch genau, wo das Problem liegt.

Eines muss ich noch betonen. Bis jetzt habe ich alle Beratungen kostenlos vorgenommen. Ich habe immer ein offenes Ohr und finde oft die Worte, die direkt ins Herzen gehen. Deswegen erzählen mir meine Besucher gerne all ihre Sorgen und Probleme. Sie weihen mich in Geheimnisse ein, die sie ihren Eltern oder Freunde nie anvertrauen würden. Dadurch bin ich in der Astrologie recht schnell vorwärtsgekommen. Ich hoffe, dass mein Buch einen kleinen Überblick über die chinesische Astrologie verschafft und einen Baustein zu ihrem Verständnis und zu ihren Kenntnissen beitragen kann.

Die in diesem Buch erwähnten Fälle sind alle echt und wahrhaftig; nur die Geburtsdaten sind nach den chinesischen Daten umgestellt worden und die Namen wurden aus Datenschutzgründen geändert.

Zum Schluss möchte ich mich hier bei meiner Schwiegermutter und meiner Tochter herzlich bedanken, die mein chincsisches Deutsch verbesserten, die mir zur Seite gestanden und mich unterstützt haben.

Eltern

In China gibt es viele Lieder über die Mutterliebe – Sie ist so tief wie der Ozean und so unendlich wie der Himmel ..., deshalb sollen wir die Eltern grenzenlos lieben. Unser Leben verdanken wir unseren Eltern, ohne sie würden wir nicht existieren. Nach dem Buddhismus müssen wir ihnen für ewig dankbar sein, denn unsere Eltern haben uns das Leben geschenkt. Den Eltern gegenüber sollen wir immer pietätvoll und gehorsam sein. Es ist eine Tugend und wird in unserer Tradition sehr groß geschrieben.

Der Baum hat seine Wurzeln, das Wasser seinen Ursprung. Aus Dankbarkeit sollen wir die Eltern bedingungslos lieben. Aber in Wirklichkeit ist es nicht der Fall. Manche pflegen ein gutes Verhältnis zu ihren Eltern. Manche möchten mit ihnen nichts zu tun haben. Das Geburtsdatum liefert aufschlussreiche Informationen. Zum Beispiel: Bist du in eine reiche oder arme Familie hineingeboren? Siehst du deiner Mutter ähnlich oder mehr deinem Vater? Wächst du bei deinen Eltern auf oder wurdest du adoptiert? Wie sieht es mit dem Gesundheitszustand der Eltern aus?

Im Mai 2010 sah ich im Fernsehen einen Bericht über eine Familientragödie. Ein Mann tötete seine Frau. Dann floh er mit seinen Kindern nach Tschechien und brachte sie anschließend im Hotel um. Der eine Sohn wurde am besagten Tag genau fünf Jahre alt. Ich notierte mir die Daten des Jungen und anhand derer konnte man deutlich sehen, dass sich seine Mutter in großer Gefahr befand. Damals nahm ich naiv an, dass man dem Schicksal entgehen kann, wenn man sich vorher informieren lässt.

Ende 2012 fing ich an, über Sterblichkeit zu forschen. Ich machte für das erste Datum, das in meiner Hand landete, einen Rundumblick. Der Ratsuchende wurde am 29. Juli 1964 um 20.00 Uhr geboren. Auf meine Frage, ob seine Mutter im Jahr 1993 gestorben sei, bekam ich sofort ein »Ja«. Es war meine erste und auch letzte direkte Aussage über den Tod, denn das gehört einfach nicht zu meiner Beratung.

Unsere Eltern spielen eine übergeordnete Rolle in unserem Leben. Ihre Liebe oder Abneigung beeinflusst uns auf dem Weg zum Erwachsenwerden, aber sie kann unser Leben nicht steuern oder verändern, umgekehrt ist es genauso.

Zum Schluss möchte ich eine chinesische Weisheit mit auf den Weg geben: Trinkst du Wasser, so gedenke auch derer, die den Brunnen gestemmt haben. Sammelst du Früchte, so gedenke auch derer, die den Baum gepflanzt haben.

Selbstmord

Winter 2007. Bei einer Weihnachtsfeier lernte ich ein Ehepaar kennen. Sie waren frisch verheiratet und vor kurzem nach Dortmund gezogen. Zufälligerweise wohnten die beiden noch in meiner Nähe. Auf Anhieb fand ich sie sympathisch und wir unterhielten uns nett.

Mir war während unseres Gespräches aufgefallen, dass das linke Auge des Mannes leicht zuckte. Als er bemerkte, dass ich ihn beobachtete, war es ihm ein bisschen peinlich. Er erzählte: »Vor drei Monaten fing mein linkes Auge plötzlich an zu zucken. Es tut zwar nicht weh, aber es ist sehr unangenehm. Der Arzt wusste auch nicht, weshalb mein Auge zuckt.«

Da kam mir eine Idee. Ich riet ihm, eine grüne oder rote Augenmaske beim Schlafen zu tragen. Denn nach dem Fünf-Elemente-Prinzip würden diese zwei Farben den Augen gut tun. Es hatte zumindest mir gut geholfen, als ich vor Jahren ebenfalls Probleme mit meinen Augen hatte. Eine Garantie konnte ich ihm nicht geben, aber es war einen Versuch wert.

Am nächsten Tag kam er zu mir, voller Freude. Er erzählte mir: »Ich habe deinen Rat befolgt und habe mir einen grünen Schal von meiner Frau geben lassen. Zum Schlafen legte ich es auf meine Augen. Heute früh hörte mein Auge überraschenderweise auf zu zucken. Ist das nicht ein Wunder?!«

Ich freute mich sehr, dass es ihm geholfen hatte. Es war ein Wunder, denn Zufall gibt es nicht.

Er war überglücklich. Als er erfuhr, dass ich Astrologin bin, gab er mir ohne zu zögern sein Geburtsdatum.

Ich willigte selbstverständlich ein und fragte ihn: »Glaubst du überhaupt an solche Dinge, denn normalerweise reagieren Männer negativ auf dieses Thema?«

»Ich glaube total daran«, gab er zur Antwort, »ich frage mich öfter, ob etwas in der Luft liegt, welches die Menschen manipuliert. Denn an manchen Tagen sind meine Kollegen nett und zuvorkommend und an manchen Tagen sind sie schlecht gelaunt und nörgeln an allem herum.«

Solch eine Antwort hatte ich von einem Mann nicht erwartet.

Sein Name ist Jens. Er wurde am 07. März 1966 um 18.45 Uhr geboren. Er ist nach der chinesischen Astrologie ein Yang-Feuer-Mensch, ein sonniger Typ, der leidenschaftlich und voller Elan ist.

Doch was mir negativ ins Auge fiel, war das Ungleichgewicht seiner fünf Elemente. Er hatte nämlich zu viel Feuer und kaum Wasser in seinem Schicksal. Das kann zu Fehlfunktionen in vielen Bereichen führen.

Bevor ich eine Prognose stellte, wollte ich noch ein bisschen in seiner Vergangenheit wühlen, um festzustellen, ob die Geburtsuhrzeit stimmte. Das Jahr 1971 ist mir sofort aufgefallen. Denn in diesem Jahr war die astrologische Kombination für seinen Vater sehr ungünstig. Ich bin mir sicher, dass sich sein Vater in großer Gefahr befand und schlechte Chancen hatte zu überleben. So fragte ich ihn dies.

Jens schaute mich kurz an und war anscheinend über solch eine Frage nicht verwundert. Er sagte: »In diesem Jahr ist mein Vater verstorben. Er hat sich das Leben genommen.«

Ich sah keine Gefühlsregung in seinem Gesicht, doch seine Stimme war leicht betrübt.

»Damals war ich fünf Jahre alt.« Jens fing an zu erzählen und offenbarte mir ein gut gehütetes Geheimnis, das jahrelang in ihm schlummerte. »Eines Morgens bin ich von einem lauten Schrei geweckt worden. Es war noch ziemlich früh. Ich war sehr schläfrig und konnte meine Augen kaum öffnen. Draußen war es neblig und es regnete in Strömen. Von weitem sah ich in der Dämmerung einen männlichen Umriss neben dem Fenster. Damals wohnte meine Familie im dritten Stock. Der laute und traurige Schrei kam von meiner entsetzten Mutter. Sie weinte bitterlich und rannte zu dem Mann im Flur neben dem Fenster. Doch es war zu spät. Der Mann stieg auf die Fensterbank und ist einfach gesprungen. Bevor er sprang, drehte er sich noch kurz um und warf einen letzten Blick auf uns. In diesem Moment erkannte ich, dass es mein Vater war. Er litt an einer unheilbaren Krebserkrankung und wollte seinem Leben ein Ende setzen. Dieses Horrorszenario hat mich jahrelang verfolgt. Bis vor ein paar Jahren habe ich die Schuld noch bei mir gesucht.«

Jens holte tief Luft und setzte fort: »Heute ist mir bewusst, dass der Selbstmord ein dunkler Fleck für unsere Familie ist. Doch ich kann nichts dafür. Das ist nicht meine Schuld, sondern das persönliche Schicksal. Es fällt mir auch nicht mehr schwer, darüber zu sprechen.«

Zum Schluss bedankte sich Jens für das Gespräch: »Wie schön, dass wir heute so offen darüber geredet haben. Ich fühle mich wesentlich besser und erleichtert.«

Adoptivkind

Eines Tages, im Frühling 2008, rief eine Bekannte bei mir an. Sie fragte, ob ich ein Horoskop für ihren Kollegen erstellen könne. Ihre Kollege heißt Tobias. Er wurde am 08. Januar 1980 um 21.15 Uhr geboren.

Aufgrund seines Datums erzählte ich meiner Bekannte am Telefon zunächst ein paar Dinge über ihn: »Dein Kollege ist kahlköpfig, er hat große schöne Augen und ist nicht der allergrößte.«

Meine Bekannte auf der anderen Hörerseite war erstaunt und wurde laut: »Kennst du ihn etwa?«

Sicher kannte ich ihn nicht. Hellsehen konnte ich auch nicht, aber sein Geburtsdatum verriet mir einfach alles.

Ein paar Tage später stand Tobias vor mir. Die Bekannte hatte ihm meine Adresse gegeben. Tobias war gerade einmal dreißig Jahre alt und hatte kaum noch Haare. Sein glänzender Kopf war ziemlich auffällig.

Gegenüber den »Zukunftsvoraussagen« war Tobias noch skeptisch, und aufgeregt war er auch. Ich wartete ab, bis er sich beruhigt hatte, und dann fragte ich direkt: »Du bist ein Adoptivkind?«

Tobias reagierte langsam und starrte mich eine halbe Minute an.

Er streichelte seinen Kopf und gab mir die Antwort: »Ja, meine leibliche Mutter wollte mich nicht haben, da sie damals mit der Situation überfordert war. Mein Vater aber wollte mich unbedingt behalten, doch er war die ganze Zeit mit der Arbeit beschäftigt und hatte kaum Zeit für mich. Deswegen bin ich zur Adoption freigegeben worden.«

»Allerdings hattest du eine glückliche Kindheit«, hakte ich nach.

»Ja, meine Adoptiveltern waren sehr nett zu mir und ich habe viel Liebe und Zuneigung bekommen. Sie behandeln mich so, als wäre ich ihr eigenes Kind.« Er bestätigte mir meine Feststellung.

Themawechsel. »Dieses und nächstes Jahr (2008,2009) solltest du versuchen, deinem Chef aus dem Weg zu gehen oder den Konflikt mit ihm zu vermeiden. Im Moment spielst du mit dem Gedanken, den Job zu wechseln.« Ich machte eine kleine Analyse seiner momentanen Situation.

»Genauso ist es«, antwortete Tobias. »Ich möchte schon lange den Job wechseln, und woanders habe ich mich auch beworben. Letzte Woche sprach ich meinen Chef an und habe ihn auf die Fehler des Betriebes aufmerksam gemacht. Wenn einem etwas nicht passt, muss es irgendwann einmal behoben werden.«

Ich wunderte mich überhaupt nicht über das, was er erzählte. Obwohl er ein Mensch mit dem Feuerelement war, dominierte die Metall-Energie in seinem Geburtshoroskop. Diese Konstellation zeichnete einen gerechtigkeitsliebenden Mensch oder einen typischen Deutschen aus. Andererseits aber hätte er wegen des überwiegenden Metallelementes zu gern andere kritisiert, statt die Fehler bei sich zu suchen.

Meine Worte weckten Neugier bei Tobias, er schien sich für Astrologie zu interessieren. »Vor was soll ich mich in diesen zwei Jahren noch in Acht nehmen?«, fragte er mich ungeduldig.

»Versuche in diesen zwei Jahren kein Kind zu bekommen. Du befindest dich gerade in einer Kinder-Verlust-Phase. Das heißt, dass die Chemie zwischen dir und dem Kind nicht passen würde.«

»Das ist also das Problem! Meine Frau und ich wünschen uns sehnlichst ein Kind. Wir haben in dieser Zeit schon öfter versucht, ein Baby zu bekommen, aber es klappt einfach nicht. Das ist die Ursache!« Es ging ihm ein Licht auf.

»2010 oder 2011 wird es klappen, mach dir keine Sorgen.« Ich versuchte ihn damit zu beruhigen.

Ende 2010 erfuhr ich, dass seine Frau schwanger war und im Herbst 2011 bekam er einen Sohn.

Daher kam die Depression

Eines Abends übernachteten einmal ein Kumpel meines Mannes und sein Freund bei uns. Sie kommen aus Leipzig und sind Fußballfans.

Spät abends hörte ich ein lautes Klopfen. Ich stellte fest, dass der Lärm direkt über meinem Wohnzimmer war. Das durchgängig laute Geräusch war so heftig, dass ich glaubte, dass mir die Zimmerdecke gleich auf den Kopf fiel. Mein Mann rannte sofort hoch.

Fünf Minuten später informierte mich mein Mann, dass der Freund seines Kumpels seinen neuen Laptop mehrmals gehauen und zum Schluss gegen die Wand geworfen hatte. Denn das Notebook schaltete sich andauernd aus. Der Freund rastete vor Wut aus und hatte gleich seinen 1000 Euro teuren Laptop zerstört.

Als Außenstehende fand ich es ziemlich amüsant, denn so etwas Verrücktes hatte ich noch nicht gehört. Ich blätterte in meinem Kalender und dabei fand ich heraus, dass es ein Tag mit dem Erde-Element war.

Das bedeutet im Klartext, dass viele »Feuermenschen« an so einem Tag mehr oder weniger Ärger haben.

Später wurde meine Vermutung bestätigt. Der Mann heißt Jonny. Im Nachhinein habe ich erfahren, dass Jonny im Laufe der Jahre schon mehrere Laptops und Handys kaputtgehauen hatte. Er war schnell gereizt, wenn seine teuren Geräte nicht richtig funktionierten. »Es muss schon der Wert eines kleinen Wagens sein, den ich vernichtet habe.« Jonny schien doch wehmütig, als er seinen Verlust errechnete. Er bereute es, immer wieder aus der Wut heraus gehandelt zu haben.

Seine Geschichte klang sehr interessant, deshalb wollte ich freiwillig für Jonny ein Horoskop erstellen. Er gab mir zwar sein Geburtsdatum, aber von meinem Angebot schien er nicht so begeistert zu sein. Er rümpfte seine Nase und behauptete: »Ich glaube nicht an so etwas. Jeder kann sein Schicksal selbst in die Hand nehmen.«

Um mich von seinen Worten zu überzeugen, erzählte er mir gleich seine Geschichte: »Vor langer Zeit war ich drogensüchtig und mir ging es dabei nicht gut. Das hat fast zehn Jahre gedauert. Irgendwann sagte eine Stimme zu mir: Junge, du kannst nicht mehr so weiterleben, wach auf und verbaue deine Zukunft nicht! Von heute auf morgen habe ich aufgehört, Drogen zu nehmen. Jetzt bin ich endlich clean.« Er war sehr stolz auf sich.

Jonny wurde am 03. Januar 1979 um 15.32 Uhr geboren. Er ist von den fünf Elementen dem Feuer-Element zugeordnet. Auch das Erde-Element dominiert in seiner Grundkonstellation. Man kann sofort sehen, dass er ein Mensch ist, dem schnell der Kragen platzt. Er kann von einer Sekunde zur anderen auf 180 sein und sich schwer beherrschen. Aus seinem Datum erfuhr ich vieles aus seiner Vergangenheit, auch der dunkle Schatten konnte meinen Augen nicht entgehen.

Ich fragte Jonny unverblümt: »Hast du 1999 angefangen, Drogen zu nehmen?«

»Korrekt«, bestätigte er mir. »Genau da hatte ich angefangen, Drogen zu konsumieren.«

»Du nahmst nicht nur Drogen, du dealtest auch damit. Dadurch hattest du sehr wahrscheinlich Konflikte mit der Polizei.« Ich durchleuchtete seine Vergangenheit.

Jonny nickte: »Wenn man Drogen nimmt, muss man sie auch verkaufen. Sonst kann man sich so etwas gar nicht leisten.« Er versuchte sich damit zu rechtfertigen.

Danach sagte ich: »Mitte 2009 geht die schlechte Phase zu Ende und ein neuer Lebensabschnitt beginnt für dich, welcher 20 Jahre lang andauert.«

»Das stimmt schon wieder«, entgegnete Jonny. »2009 habe ich mich von den Drogen und meinen *Freunden* verabschiedet. Kurz danach fand ich meinen jetzigen Job, seitdem geht es mit meinem Leben bergauf.« Jonny schien doch sehr verwundert über meine Aussage zu sein.

»Nun zu einem anderen Thema«, meinte ich. »Du leidest an Depressionen? Du musstest in den jungen Jahren eine schlimme depressive Phase durchlebt haben! Magst du es zu erzählen?«

Jonny nickte leicht, seine Augen senkten sich und starrten auf den Boden.

Da ich kein Geburtsdatum von seiner Mutter habe, fragte ich ihn: »Was geschah im Jahr 1992 mit deiner Mutter?«

Jonny senkte seinen Kopf weiter. Nach kurzem Schweigen erzählte er mir eine unfassbare Geschichte, wobei es mir kalt den Rücken herunterlief.

»Damals war ich 14 Jahre alt. Bis zu diesem Zeitpunkt war die Welt für mich noch in Ordnung. Eines Nachmittages kam ich von der Schule zeitig nach Hause. Wie sonst auch rief ich nach meiner Mutter. Doch sie reagierte nicht. Ich suchte überall nach ihr. Dann habe ich sie im Schlafzimmer vorgefunden. Sie hatte sich erhängt.« Jonny stockte und seine Stimme war zitterig. Er erzählte weiter: »Geistesgegenwärtig befreite ich meine Mutter vom Strick und habe sofort den Notarzt gerufen. Zum Glück war die Rettung noch rechtzeitig. Aber seit dieser Zeit plagen mich furchtbare Albträume und Depressionen.«

Eiszeit

Vor langer Zeit lernte ich einen Mann namens Martin kennen. Er war klein, rund und hatte dazu noch eine Halbglatze. Er war nicht besonders attraktiv, aber sehr nett.

Martin hatte sich in eine Frau aus dem Ernährungs-Klub verguckt. Er wollte wissen, ob sie zusammenpassen.

Nach dem chinesischen Sternzeichen ist Martin eine Schlange. Er wurde am 21. Juni 1965 um 22.00 Uhr geboren und ist dem Holzelement zugeordnet.

Zuerst wollte ich wissen, was Martin für einen Beruf ausübt.

Ohne auch nur einen Augenblick zu zögern behauptete er: »Mir gehören zwei Stahlfabriken. Eine ist in Hagen und die andere in Stuttgart.«

Oh, ich war erstaunt. Denn erstens durfte er aus astrologischer Sich nicht selbstständig werden, weil er nicht in der Lage war, eine erfolgreiche Firma zu führen. Zweitens konnte er gar nicht so reich werden. Aufgrund seines Datums ist mir auch aufgefallen, dass Martin gerne lügt, ohne rot zu werden. Man soll seine Worte deswegen nicht zu ernst nehmen.

Zurück zu seiner Frauengeschichte. In seinem Geburtshoroskop wurde die Energie, welche die Frau symbolisiert, stark beschädigt. Das hieß, dass seine Chemie nicht mit Frauen zusammenpasste. Im Jahr 2006 tauchte vorübergehend die weibliche Energie in seinem Leben auf. Das bedeutet, er hatte in diesem Jahr, so paradox es klingen mag, die große Chance, seine Liebe kennenzulernen und bedauerlicherweise wieder zu verlieren.

Geschickt sagte ich ihm ein paar nette Worte, um den ewigen Junggesellen zu trösten. Ich ermutigte ihn, nach der großen Liebe zu suchen und nicht gleich die Flinte ins Korn zu werfen, wenn es nicht so klappt, wie er es will.

Drei Monate später bekam ich eine Rückmeldung von Martin. Die beiden hatten sich ein paarmal getroffen. Doch die Frau wollte nicht mehr und hatte ihm den Laufpass gegeben.

Spätsommer 2008. Martin kam wegen seiner Mutter wieder zu mir. Er war jetzt 43 Jahre alt und lebte immer noch bei seiner Mutter. Ich blickte noch einmal in sein Horoskop und erklärte: »Das ist kein gutes Jahr für deine Mutter. Sie soll sehr gut auf sich aufpassen.« Aber ganz genau konnte ich das nicht sagen, denn ich benötigte dafür das Geburtsdatum der Mutter.

»Meine Mutter ist vor zwei Wochen ins Krankenhaus eingeliefert worden und ihr geht es richtig schlecht. Gestern hat der Arzt im Krankenhaus ein ernstes Gespräch mit mir geführt und er meinte, dass meine Mutter nicht mehr lange zu leben hat. Er riet mir, mich langsam auf ihren Tod vorzubereiten.« In seinem Blick spürte ich wenig Traurigkeit, sondern mehr Verzweiflung.

Bevor er sich verabschiedete, beichtete mir Martin, dass die Stahlfabriken nicht existierten. Er hatte es erfunden, um mir zu imponieren. Er war in Wirklichkeit Müllmann vom Beruf. Seine Lüge plagte ihn die ganze Zeit und er hatte deswegen ein schlechtes Gewissen.

»Ach, alles gut!«, sagte ich. »Jeder lügt doch einmal. Solang keiner zu Schaden kommt, kann man darüber wegsehen. Außerdem wusste ich es schon längst.«

Martin kam vor einiger Zeit wieder und berichtete mir, dass seine Mutter verstorben sei. Dabei fragte er mich, ob ich ein Horoskop für seinen älteren Bruder erstellen könne. Sein Bruder war Polizist und schon lange aus dem Haus seiner Mutter ausgezogen. Seitdem hatte er keinen Kontakt mehr mit seiner Familie.

Einen Tag nach dem Tod der Mutter rief Martin seinen Bruder an, um ihm diese traurige Nachricht mitzuteilen. Als der Bruder davon hörte, war er kalt und antwortete: »Ja und, was geht mich das an?« Eiskalt legte er auf.

Ein paar Tage später bekam Martin einen Brief vom Anwalt. Der Brief wurde von seinem Bruder veranlasst. Er verlangte darin seinen Pflichtanteil.

»Ich habe mich acht Jahre lang um meine kranke Mutter gekümmert und sie gepflegt. Und wo war mein Bruder in dieser Zeit? Er kriegt keinen Cent davon ab«, erzählte mir Martin sauwütend.

»Gib mir das Datum deines Bruders und ich sehe, was bei ihm los ist.« Ich versuchte Martin zu helfen und Klarheit zu schaffen.

Sein Bruder wurde am 24. November 1957 um 16.00 Uhr geboren. Man konnte deutlich sehen, dass für seinen Bruder die Mutter schon längst gestorben war. 1994 kriselte es schon stark zwischen den beiden.

Martin bestätigte meine Aussage. »Ja, daran kann ich mich noch genau erinnern. Die beiden haben sich heftig gestritten und danach haben sie kein Wort mehr miteinander gesprochen. Bis jetzt tappe ich immer noch im Dunkeln, was zwischen den beiden vorgefallen ist.«

»1998 war der Streit zwischen den beiden noch heftiger. Da muss es richtig gekracht haben«, sprach ich.

»Ja, das kommt hin«, sagte Martin. »Es ist schon zehn Jahre her. Lass mich überlegen. Ja, es war genau im Jahr 1998, als sie sich total zerstritten haben. Seitdem ist mein Bruder von zu Hause ausgezogen und hat jeglichen Kontakt mit uns abgebrochen. Ich frage mich immer wieder, wie es so weit kommen konnte.«

Später erfuhr ich, dass sein Bruder auf das Erbe verzichtet und die Klage zurückgezogen hatte. Er musste wohl überlegt haben, dass die Klage, außer Zeit und Mühe, auch viel Geld kostet und zu nichts führen wird.

Geschwister und Freunde

In der Lehre der Bazi Suanming gehören die Geschwister und die Freunde zu einer Kategorie. Normalerweise kann man die Zahl der Geschwister anhand des Geburtsdatums herausfinden. Aber dies variiert von Land zu Land.

Ein chinesischer Bazi-Suanming-Meister hat festgestellt, dass die Zahl der Geschwister in Südost-Asien und Australien doppelt so hoch ist wie in anderen Ländern, trotz des gleichen Geburtsdatums.

Er vermutet, dass es an den abiotischen Faktoren wie dem Klima liegt, aber auch an der dort herrschenden Gesetzeslage.

Ich stehe auf dem Standpunkt, dass das Schicksal des Landes ausschlaggebend ist und die entscheidende Rolle spielt.

Jede Familie ist anders. In manchen Familien gehen die Geschwister harmonisch miteinander um. Sie haben ein gutes Verhältnis und kümmern sich umeinander. In anderen Familien sind nur Streit und Missgunst zwischen den Geschwistern vorzufinden. Sie sind wie Hund und Katz und liegen sich ständig in den Haaren. Im schlimmsten Fall verliert man seine Geschwister durch einen Unfall oder eine schwerwiegende Krankheit.

Vor einiger Zeit erstellte ich ein Horoskop für ein Mädchen. Der Mutter erzählte ich, dass ihre Tochter einen »Einzelkind-Aspekt« hat und sie deswegen in Zukunft keine Geschwister haben werde.

Daraufhin bestätigte die Mutter: »Mein Mann und ich möchten sowieso nur ein Kind haben. Als meine Kleine drei Jahre alt war, wollte ich herausfinden, ob sie einen Bruder oder eine Schwester als Spielkameraden haben will. Ich habe so getan, als wäre ich schwanger. Als sie erfuhr, dass ein kleines Baby in meinem Bauch wächst und es zu einem Familienzuwachs kommt, war sie stinksauer. Sie fuchtelte mit ihren kleinen geballten Fäustchen, und trat mit ihren kleinen Füßen auf meinen Bauch. Aus voller Kehle schrie sie: Ich will keine Geschwister haben, ich will dein einziges Prinzesschen sein.«

Die Mutter schmunzelte, als sie an damals zurückdachte.

Ich fuhr fort: »Wenn sich Ihre Tochter mit jemandem anfreundet, dann geht es dieser Person ebenfalls nicht gut. Sie sucht sich immer wieder labile und schwierige Menschen aus.«

Die Mutter bestätigte: »Meine Tochter ist nun 15 Jahre alt und sie hat zwei beste Freundinnen. Die eine leidet unter Depressionen und hat psychische Probleme. Die andere hat einen ausgeprägten Sprachfehler. Hinzu kommt, dass sie noch unter einer Esssucht leidet.«

Der schlimmste Fall, den ich gehört habe, war ein Mann, der innerhalb von einem Jahr acht Geschwister verloren hat.

Ob die Chemie zwischen den Geschwistern stimmt oder nicht, kann man anhand von Astrologie feststellen. Man sollte sich glücklich schätzen, wenn man eine gute Beziehung mit den Geschwistern hat. Wenn dies nicht der Fall ist, ist es auch nicht schlimm. Die beste Lösung ist, dass man sich einfach aus dem Weg geht, weil es von da »oben« so gewollt ist.

Robin und Wolfgang

Seit ein paar Jahren arbeitet gelegentlich eine Reinigungsfirma bei uns, mit der wir sehr zufrieden sind.

Der Gruppenleiter heißt Robin. Er ist etwas klein, aber sehr kräftig gebaut. Er hat muskulöse Arme und eine starke Körperstruktur. Robin ist ein fleißiger Kerl und wir alle mochten ihn.

Aber eines ist nicht zu übersehen oder genauer gesagt, zu überhören. Sobald Robin anfängt zu sprechen, passt seine Stimme mit dem gesamten Bild nicht mehr überein. Er hat eine sehr dünne, hohe und feminine Stimme. »Viele hielten mich am Telefon für eine Frau«, erzählte Robin uns mit Selbstironie.

Aus Erfahrung glaube ich, dass Robin eventuell Beschwerden mit der Lunge oder mit dem Darm hat, denn sein Metallelement, das sowohl die Stimme als auch die Lunge oder den Darm symbolisiert, muss geschädigt sein. Als ich eines Tages für Robin ein Horoskop erstellte, fiel ich fast vom Hocker.

Robin wurde am 19. Juni 1966 um 12.30 Uhr geboren. Er ist von den fünf Elementen dem Feuerelement zugeordnet. Das Jahr 1966 war ein Feuerjahr. Der Monat, als er geboren wurde, war ein Feuermonat. Nach der chinesischen Zeit ist er mittags auf die Welt gekommen, genau zur Feuerstunde. Es ist allgemein bekannt, dass Metall in Feuer schmilzt. In diesem Fall ist der Darm betroffen und stark beschädigt.

Das Jahr 2001 war ein schlechtes Jahr für Robin oder für seine Geschwister, im schlimmsten Fall für beide. Deshalb habe ich meine Frage vorsichtig formuliert: »Leidest du an Darmproblemen? Ist im Jahr 2001 dir oder einem deiner Geschwister etwas zugestoßen?«

Robin war sichtlich von meiner Frage geschockt. Er blickte zu Boden und antwortete: »Ja, bei mir wurde Darmkrebs festgestellt und mein Bruder ist in diesem Jahr an Darmkrebs gestorben. Es ist familiär bedingt. Zum Glück ist meine Krankheit momentan unter Kontrolle, ich muss aber jedes Jahr zur Uni-Klinik und mich untersuchen lassen. Mein Fall wurde von den Ärzten genauer unter die Lupe genommen und mein Krankheitsverlauf wurde genauestens dokumentiert.«

Es ist unvorstellbar, dass sich so ein starker Mann mit so einer Krankheit auseinandersetzen muss.

Im zweiten Fall geht es um einen Geschäftsmann namens Wolfgang. Wolfgang hat eine gutgehende Firma. Um seinen Profit zu steigern und sein Business zu erweitern, überlegte Wolfgang, ob er mit chinesischen Firmen kooperieren sollte. Für ihn war ich die richtige Ansprechpartnerin, um erste Kontakt zu knüpfen. Als er erfuhr, dass ich mich auch mit der Astrologie beschäftige, war er völlig begeistert.

Wolfgang wurde am 24. Januar 1963 um 22.05 Uhr geboren. Er ist dem Element Yin-Metall zugeordnet. In seiner astrologischen Grundkonstellation gibt es keinen »Auslandsaspekt«. Das bedeutete, dass seine Geldquelle nicht in der Ferne liegt. Aber mit 24 Jahren tritt dieser Aspekt in seinem Leben ein, welcher 40 Jahre lang andauert. Es ist gar nicht verkehrt, ernsthaft zu überlegen, mit ausländischen Firmen zusammen zu arbeiten.

Aus seiner Grundkonstellation kann man noch sehen, dass sein Gesundheitszustand besser sein könnte, besonders im Bereich des Kopfes. Auf meine Frage antwortete Wolfgang: »Ach, ich wurde schon überall am Kopf operiert.« Seine Stimme war voller Leichtigkeit, als ob es nichts wäre.

Vorsichtig stellte ich meine Frage weiter: »Hast du 2002 eines deiner Geschwister verloren?«

Auf meine Frage wurde Wolfgang plötzlich emotional und zeigte offenherzig seine Gefühle, seine Stimme war voller Trauer: »Ja, meine große Schwester ist in diesem Jahr gestorben, es war für mich ein schwerer Schlag. Ich habe sieben Geschwister, aber mit ihr hatte ich das beste Verhältnis. Wir standen uns sehr nahe. Für mich war sie nicht nur eine Schwester, sie war auch in irgendeiner Art eine Mutter und eine beste Freundin. Über ihren Verlust habe ich tagelang geweint. Um ihrer ehrenvoll zu gedenken und sie immer bei mir zu haben, habe ich mir ihren Namen eintätowieren lassen.«

Wolfgang krempelte seinen Ärmel hoch, der Name Melanie kam zum Vorschein, er war mit einem Herz umrandet.

»Durch dieses Tattoo wurde meine Schwester in meinem Herzen verewigt«, sagte Wolfgang voller Emotionen.

Entführung

Oktober 2008. Eines Nachmittags erfuhr ich telefonisch, dass sich ein Mann auf den Weg zu mir gemacht hatte, nachdem er seinen Freund besucht hatte. Er hieß Sebastian und hatte einige Fragen, die ihm sehr am Herzen lagen.

Sebastian war nicht sehr groß, hatte dunkelblonde Haare und trug eine Brille. Sein Gesichtsausdruck verriet mir, dass er sich unsicher fühlte. Ich durchschaute seine Skepsis und beruhigte ihn mit einer Tasse Tee.

Sebastian wurde am 12. September 1948 um 12.00 Uhr in Frankreich geboren. Nachdem ich sein Horoskop fertiggestellt hatte, kam ich direkt zur Sache: »Du hast gegen das Gesetz verstoßen, stimmt's? Denn du befindest dich gerade in einer Phase, in der du einen großen Konflikt mit den Behörden oder der Polizei hast, und somit besteht bei dir auch die Gefahr, ins Gefängnis zu kommen.«

Sebastian nippte gerade am Tee. Als er meine Worte hörte, stand er plötzlich vom Stuhl auf und schien sehr aufgeregt zu sein: »Ich bin gerade aus dem Gefängnis herausgekommen und saß dort sechs Wochen lang.« Nach dieser Aussage ist er mir gegenüber ehrlich und offen geworden und erzählte mir gleich seine ungewöhnliche Geschichte.

Er wurde auf einer Insel nahe Frankreich geboren und ist hier in Deutschland aufgewachsen. Er heiratete in jungen Jahren. Später trennte er sich wieder.

Seit einiger Zeit führte Sebastian ein gut gehendes Wettbüro. Letztes Jahr hatte er seine Beziehung zu seiner Freundin beendet. Daraufhin hatte ihn seine Ex-Freundin beim Finanzamt angeschwärzt und ihn noch angezeigt. Die Behörde nahm ihn ins Visier. Er wurde ein halbes Jahr lang heimlich beobachtet und seine sämtlichen Telefongespräche wurden abgehört. Die Folge war, er musste für seine Straftaten büßen.

Mitte Dezember würde sein Urteil fallen. Jetzt hieß es, abzuwarten, ob er nochmal ins Gefängnis gehen muss oder nicht.

»Ich muss mit dir noch etwas besprechen. Eines deiner Geschwister ist dieses Jahr in großer Gefahr.« Ich schaute ihn ernst an.

»Deswegen bin ich hierhergekommen«, betonte Sebastian. »Vor zwei Tagen ist mein Bruder, der zwei Jahre jünger ist als ich, entführt worden. Wir wissen nicht, was passiert ist. Wir wissen auch nicht, wo er ist. Kann er heil nach Hause kommen?« Sebastian war sehr besorgt.

»In deinem Horoskop wird angezeigt, dass dein Bruder schlechte Chancen hatte, dieses Jahr zu überstehen.« Man konnte an seinem Datum deutlich sehen, dass momentan die Energie dominierte, die Geschwister extrem schadete. Es war zwar traurig, aber ich sollte mit der Wahrheit nicht hinterm Berg halten.

Weil Sebastian wegen eines wichtigen Termins weg musste, vergaß ich leider, nach dem Geburtsdatum seines Bruders zu fragen.

Irgendwann später erfuhr ich, dass es immer noch kein Lebenszeichen von seinem Bruder gab. Sein Bruder war wie vom Erdboden verschluckt.

Der Dämon »Qisha«

Mein Mann und ich sind schon seit über 20 Jahren verheiratet. Obwohl wir aus verschiedenen Kulturen kommen, unterschiedliche Werte und Gewohnheiten haben, bemühen wir uns immer, den anderen zu verstehen und uns anzupassen. Mein Mann hat ein »Helfer-Syndrom«. Einerseits schätze ich das sehr, wer möchte nicht so einen gutherzigen Mann bei sich haben; andererseits ärgere ich mich auch darüber. Sobald er Zeit hat, ist er immer für andere da und stellt sich für andere zur Verfügung. Tja, »wo gehobelt wird, da fallen Späne«. Ich muss mich immer mit diesem Sprichwort zufriedengeben.

Im Laufe des Jahres hat mein Mann viele Freundschaften in der Nachbarschaft geschlossen. Er fühlt sich richtig wohl, diese Freunde um sich zu haben. Ein Mann, der mit ihm eng befreundet war, hieß Roman. Er kam ursprünglich aus Polen. Roman war groß und muskulös, er hatte einen kahlen Kopf und war der Werbefigur »Meister Proper« wie aus dem Gesicht geschnitten. Daher hatte er auch den Spitznamen »Meister Proper«.

Roman war lange mit einer deutschen Frau verheiratet. 2008 trennten sich die beiden. In dieser schwierigen Zeit war Roman öfter bei uns und hat sich bei meinem Mann ausgeweint.

In dieser harten Phase hatte mein Mann Roman immer zur Seite gestanden und ihm später auch bei der Wohnungssuche und beim Umzug geholfen. Seitdem waren Roman und mein Mann wie Pech und Schwefel. Die beiden tranken gern zusammen einen Kaffee oder spielten eine Runde Karten.

Um Roman zu helfen und für ihn eine neue Partnerin zu finden, wollte ich ein Horoskop für ihn erstellen. Zur meiner größten Überraschung wollte Roman sein Datum gar nicht preisgeben. »Ich bin Atheist, so etwas glaube ich nicht«, lautete seine Ausrede, oder: »Ich will alles gar nicht vorher wissen, es ist mir zu unheimlich.«

Roman lehnte es komplett ab, etwas mit Esoterik zu tun zu haben. Er schien ein absoluter Skeptiker zu sein. Seine Worte und seine Ansichten beunruhigten mich ein wenig. Menschen mit so einer Haltung fehlt meistens der Schutzpatron oder eine schützende Energie von da »oben«. Sie sind skeptisch und misstrauen allem, und sie haben es im Leben auch nicht leicht. Nach dem Bazi Suanming haben Leute mit so einem Verhalten meistens den »Dämon Qisha« in sich, direkt übersetzt heißt es »Sieben Killer«. Dieses Wort spricht viel für sich, es bedeutet Misstrauen, Zerstörungen, Wut, Dunkelheit und Unheil. Es birgt viele Gefahren in sich.

Anfang 2010 warnte ich meinem Mann anhand seiner Daten, dass in diesen zwei Jahren die Chemie zwischen ihm und seinem Bruder oder seinen Freunden nicht mehr stimmt. Ich wittere Gefahren. Er sollte besser allen aus dem Weg gehen. Da sein Bruder hin und wieder Drogen nimmt und die beiden sich nicht so nahe stehen, tippte mein Mann auf seinen Bruder als Opfer.

Eines Tages, im Herbst 2011, kam Roman von der Arbeit nach Hause. Er hatte neulich eine Frau kennengelernt und war mit ihr zusammengezogen. Als Roman zuhause war, war ihm plötzlich schwindelig und übel. Er wollte sich kurz aufs Sofa legen. Seine Freundin eilte in die Küche und wollte Tee zubereiten. Fünf Minuten später, als die Freundin aus der Küche kam, fand sie Roman auf den Wohnzimmerboden, blutüberströmt. Roman lag da, bewegungslos. Das Blut strömte aus seinen Augen, seiner Nase und seinem Mund. Es war ein unbeschreibliches Horrorszenario.

Sofort rief die Freundin den Notarzt an, aber alle Hilfe war zu spät, zwanzig Minuten später starb Roman in den Armen seiner Freundin.

Es gibt einen chinesischen Fachbegriff für so eine Art von Unglück und Tod, »Blutung durch die sieben Löcher«. Die Polizei wurde auch alarmiert. Nach tagelangen Untersuchungen konnte man die Todesursache nicht feststellen. Keiner weiß, warum so ein junger und stabiler Mann so schlimm blutete. Seine Freundin war am Boden zerstört. Als mein Mann und ich diese Hiobsbotschaft bekamen, hielten wir uns in den Armen und weinten.

Im Nachhinein habe ich doch das Geburtsdatum von Roman bekommen, ausnahmsweise erstellte ich ein Horoskop für einen Toten. Als ich seine Grundkonstellation betrachtete, spürte ich eine Kälte über meinen Rücken laufen. In seinen acht Zeichen besteht die Hälfte aus dem »Dämon Qisha«, der die Verkörperung des Todes ist und ständig sein Wohlfinden und seine Gesundheit bedroht und sabotiert. Roman musste es längst geahnt haben, aber er versuchte die negativen Gedanken und die schreckliche Vorahnung einfach zur Seite zu schieben. Das erklärte auch, warum er vorher nichts davon wissen wollte. Seine astrologische Kombination war miserabel und sein Gleichgewicht war total aus der Bahn geworfen worden. Ende 2011 haben ihn alle »Schutzengel« verlassen, daher das Unglück. Ein so junges Leben wurde einfach so ausgelöscht.

Mit 66 Jahren fängt das Leiden an

Durch die jährliche Hundemesse hatte ich ein nettes Ehepaar kennengelernt. Das Paar hatte einen kleinen Hund, der extrem süß und clever war. Jedes Mal, wenn die beiden über ihren Hund sprachen, kriegten sie ihren Mund vor Freude nicht mehr zu: »Unsere Zora kann Socken auf die Wäscheleine aufhängen. Sie kann die Zeitung holen und sie kann mit nur zwei Beine laufen.« Das Paar konnte gar nicht aufhören über ihren Hund zu sprechen.

»Zora war ursprünglich für meinen Mann gedacht«, erzählte mir die Ehefrau eines Tages. »Meinem Mann geht es gesundheitlich nicht so gut, er leidet stark an Depressionen.« Die Frau machte keinen Hehl daraus. »Ganz am Anfang konnte ich den Hund nicht leiden, denn er hat mich, eine Woche, nachdem wir sie abgeholt haben, in den Arm gebissen. Es hat sich stark entzündet, ich musste einen halben Monat mit Verband herumlaufen und mein Spanienurlaub musste auch storniert werden. Aber mein Mann hat den Hund sofort gemocht. Die Freude in seinem Gesicht entschädigt für alles. Die Adoption von Zora war eine richtige Entscheidung, wir freuen uns sehr darüber.«

Offensichtlich waren die beiden Tierliebhaber. Es war schön zu sehen, wie viel Spaß die drei im Team hatten. Aber die Worte der Frau hatten meine Neugier geweckt, ich bot freiwillig ein Horoskop für ihren Mann an.

»Das ist sehr nett«, sagte die Frau. »Ich interessiere mich sehr dafür. Ich wollte schon immer wissen, was mit meinem Mann los ist.« Sie schien es kaum noch zu erwarten.

Ihr Mann heißt Günter. Er wurde am 12. Dezember 1942 um 19.20 Uhr geboren. Nach dem Fünf-Elementen-Prinzip ist Günter ein Yin-Holz Mensch, aber die Kombination von seinen acht Zeichen ist alles andere als harmonisch. Er wurde im Winter geboren. In seiner astrologischen Grundkonstellation überwiegt das Wasserelement. Es fehlt bei ihm einfach das Element Feuer, was man in diesem Zusammenhang mit Freude verbindet. Genauer gesagt, Günter ist ein geborener Pessimist. Es herrschte zum Glück fünfzig Jahre lang das Holz-und-Feuer-Element in seinem laufenden Schicksal, er muss eine schöne Kindheit und ein reibungsloses Leben geführt haben.

Das bestätigte die Frau mit einem lauten »Ja«.

»Mit 56, nämlich ab 1999, tritt beim Günter eine schlechte Phase ein. Knüppel wurden ihm zwischen die Beine geworfen und viele Stolpersteine in den Weg gelegt.« Ich versuchte es mit ein wenig Fachchinesisch zu erklären.

Die Frau nickte, ein Seufzer entfuhr ihr.

»Besonders in den Jahren 2003 und 2004 wurde die Gesundheit bei Günter auf den Prüfstand gestellt, seine Schwachpunkte sind Nieren, Blase und Prostata.«

Ich sagte, was ich »sah«.

»Da wurde bei meinem Mann Prostatakrebs festgestellt. Im Jahr 2005 musste er sich zwei Mal unters Messer legen. Jetzt ist sein Krebs erfolgreich beseitigt.«

Man konnte die Erleichterung in ihrer Stimme deutlich hören.

Es gibt ein berühmtes deutsches Lied: Mit 66 Jahren fangt das Leben an. Ich musste bei Günter leider feststellen, dass mit 66 seine Leiden anfangen. Er wurde sehr depressiv und fühlte sich lustlos und antriebslos. Besonders im Jahr 2010 und 2011 würde er in einer tiefen Depression stecken, außerdem existiert in diesen zwei Jahren noch die Gefahr, dass er seine Freunde verliert.

Auf meine Worte reagierte die Frau sehr aufgeregt. Sie bestätigte, dass Anfang 2011 die drei besten Freunde ihres Mannes innerhalb von kurzer Zeit hintereinander gestorben waren. Die drei Freunde waren alle jünger als ihr Mann. Sie unternahmen vieles miteinander und waren im Laufe der Jahre dicke Freunde geworden. Der Verlust seiner Freunde war für Günter ein schwerer

Schicksalsschlag. Seitdem litt er stark an Depressionen. Er traute sich nicht aus dem Haus und verspürte keine Freude mehr, sogar von Selbstmord war die Rede. Günter musste sich drei Monate lang wegen Depressionen in der Klinik behandeln lassen.

»Durch Zora ist mein Mann einen Hauch besser geworden, aber geheilt ist er noch lange nicht«, sprach die Frau.

Zum Schluss bat ich die Ehefrau ausdrücklich, dass unser Gespräch unter uns bleibt. Günter sollte keinen Wind davon bekommen. Nach meiner Erfahrung war Günter nicht in der Lage, die negativen Nachrichten zu verarbeiten. Er brauchte Aufmunterung, Erheiterung und Zuneigung; seine Zukunft vorher zu erkennen, würde ihn nur entmutigen und seinen Zustand verschlimmern.

Die Liebe und die Ehe

2007 erfuhr ich, dass ein Topmodel wieder schwanger war. Rasch erstellte ich ein Horoskop für sie. Leider musste ich feststellen, dass ihre Ehe 2011, spätestens 2012 scheitern würde. 2014 würde es wieder eine Trennung in ihrer Beziehung geben.

Mein Mann war nicht begeistert über diese Aussage, weil keiner will, dass eine glückliche, große Familie auseinandergeht.

Ende Januar 2012, einen Tag vor dem chinesischen Neujahrfest, habe ich mitbekommen, dass sich das Topmodel und ihr Mann scheiden lassen würden. Anfang 2014 trennte sie sich von ihrem Bodyguard.

Keiner kann dem Schicksal entgehen, auch nicht Prominente oder Superstars.

Für viele ist eine gute Ehe das A und O im Leben. Harmonie ist die Basis für eine glückliche Beziehung. Im wirklichen Leben funktioniert keine Ehe einwandfrei. In Deutschland lässt sich sogar jedes dritte Paar scheiden. Viele Frauen oder Männer lassen sich im Leben mehrmals scheiden und heiraten mehrmals. Bei manchen Ehen ist es an der Tagesordnung, dass sie sich streiten. Manche finden keinen Partner und bleiben lebenslange Singles. Manche möchten gar nicht heiraten oder leben wie ein Mönch. Im schlimmsten Fall verliert man den geliebten Partner durch einen Unfall oder eine Krankheit. Zum Glück gibt es aber auch Ehen, die ein ganzes Leben lang halten und in denen die Eheleute glücklich miteinander leben.

Viele Frauen stellen mir diese Frage: Wie kann ich einen Mann kennenlernen? Was soll ich tun, um einen Mann kennenzulernen?

Meine Antwort lautet: Man sollte nichts tun. Wenn es so weit ist, wird der Traumprinz an die Tür klopfen, man wird geführt.

Es gibt auch Frauen, die unsterblich in einen verheirateten Mann verliebt sind. Eine solche Frau wartet sehnsüchtig darauf, dass der

Mann seine Frau verlässt und zu ihr zieht. Ich muss leider sagen: Finger weg von solchen Männern. Wenn er wirklich seine Frau verlässt, kann es bedeuten, dass sich der Mann gerade in einem »Frauenvertreibungs«-Aspekt befindet. In solch einer Phase stimmt die Chemie zwischen der Frau und dem Mann nicht. Stress und Streitereien in der neuen Beziehung sind auch vorprogrammiert. Es kann sogar noch Schlimmeres passieren. Nur eine Frau, die selbst ein starkes Schicksal hat, kann dieser Beziehung standhalten.

Ein gutes Beispiel: 2004 habe ich im Fernsehen mitverfolgt, dass ein Prominenter in der Sportbranche seine Frau wegen einer Jüngeren verlassen hat und zu ihr gezogen ist. 2010 ist so ein Jahr, welches Ähnlichkeiten mit 2004 aufweist. Die junge Geliebte ist plötzlich gestorben und der Sportler ging wieder zu seiner Frau zurück.

Das Gleiche gilt auch bei Frauen. Den Ruf als »schwarze Witwe« gibt es nicht ohne Grund. Die sogenannte Schwarze Witwe verliebt sich immer in den Typ Mann, der ein potenzieller Patient ist oder sich in Gefahr begibt.

Damals gab es im alten China selten die Liebe auf den ersten Blick. Die meisten Ehen wurden durch die Eltern oder Ehevermittler arrangiert. Solch eine Ehe war meistens dauerhaft von Bestand, im Vergleich zu der modernen Ehe heutzutage, laut der Studie. Denn damals, noch vor der Eheschließung, musste das zukünftige Paar das Geburtsdatum einer Wahrsagerin geben und das Datum berechnen lassen. Solch errechnete Ehen sind meistens glücklicher und beständiger, obwohl sich das Paar nie gesehen hat.

Lange Rede, kurzer Sinn. Mein Schlusswort lautet: Wenn man, sowohl in der Liebe als auch im Alltag, nach »dem Willen Gottes« lebt und mit dem Strom schwimmt, dann wird unser Leben viel leichter.

Der schwarze Witwer

2002. Ich beschäftigte mich schon seit einem Jahr mit der chinesischen Astrologie. Bis dahin hatte ich nur Freunde und Verwandte beraten. Und immer hatte ich positives Feedback erhalten. Das hatte mich natürlich hoch erfreut und mir gleichzeitig bestätigt, mit der Astrologie fortzufahren.

Eines Tages im Herbst wollte ich meinem Rücken mal etwas Gutes tun, denn der Körper ist in dieser Jahreszeit besonders verspannt. Ich suchte einen Physiotherapeuten auf, da eine wohltuende Massage erholsam ist.

Während der Massage führte ich mit dem Therapeuten ein Gespräch. Mein Masseur hieß Olaf. Er beherrschte eine gute Massagetechnik und verfügte über Fingerspitzengefühl im Umgang mit den Kunden. Als Olaf erfuhr, dass ich mich mit der Esoterik befasse, »bat« er mich um etwas.

Anfang dieses Jahres hatte Olaf durch einen Verwandten in Deutschland eine Frau aus Malaysia kennengelernt. Die beiden schrieben sich öfters Briefe und telefonierten miteinander, sie verstanden sich echt gut, von einer Hochzeit war sogar die Rede. Wenn es endlich so weit wäre, wollte Olaf nach Malaysia fliegen, um sie zur Frau zu nehmen.

Das Problem war, dass ihre Eltern einen Partnervergleich für die beiden machen wollten. Sie hatten vor kurzem das Geburtsdatum von Olaf verlangt. Seitdem hatte er nie wieder etwas von der Frau gehört.

Nun wollte Olaf von mir wissen, ob die Beziehung von den beiden noch Früchte tragen könne und warum sich die Familie von ihm abgewandt habe.

Zu Hause erstellte ich für ihn ein Horoskop. Olaf ist dem Element Yin-Metall zugeordnet. Er wurde am 27. Februar 1941 um 7.00 Uhr geboren. Sein Partnerhaus liegt im Osten (besonders in

Asien). Das ist der Grund, warum er von Asiatinnen so begeistert ist. Doch die Chemie zu Frauen stimmt bei ihm absolut nicht. Ehrlich gesagt, ich würde womöglich das Gleiche tun, um meine Ratsuchende von der Beziehung abzuraten, denn sie könnte schließlich nur zum Unglück führen. Besonders im Jahr 2000 musste er eine schmerzhafte Trennung erlebt haben.

Nach der Fertigstellung des Horoskops rief ich Olaf an. Ich redete nicht um den heißen Brei herum, sondern fragte ihn direkt: »Warst du schon mal verheiratet? Hast du deine Frau im Jahr 2000 verloren?« Seine astrologische Konstellation ist so ungünstig für die Frauen, dass das jeder Anfänger rasch erkennen kann.

Es wurde still auf der anderen Seite der Leitung. Nach einem Seufzer bestätigte Olaf mir das mit einem »Ja« und erzählte mir gleich seine traurige Geschichte: »Meine verstorbene Frau kam aus Korea. Sie war fünfzehn Jahre jünger als ich. Sie war meine große Liebe. Wir haben zusammen unsere Praxis aufgebaut und wir sind blendend miteinander ausgekommen. Unsere Ehe war durch Liebe, Harmonie und Toleranz geprägt.«

Olaf stoppte kurz und seufzte wieder: »In Sommer 2000 haben die Ärzte einen bösartigen Tumor bei meiner Frau entdeckt. Drei Monate später ist sie daran verstorben.«

Ich merkte, dass Olaf immer noch um seine Frau trauerte, wobei der Tod schon zwei Jahre zurücklag. Leider konnte ich ihn nicht trösten. Ich musste ihm die nächste unangenehme Nachricht überbringen. Eine andere glückliche Beziehung war für seine Zukunft leider noch nicht in Sicht. Olaf ist nach dem Fachbegriff ein »Schwarzer Witwer«. Ich fürchte, seine Beziehungen werden immer wieder auf die gleiche Art und Weise enden. Das war der Grund, warum sich die Frau aus Malaysia nicht mehr bei ihm meldete.

Der Scheidungsteufel

Im Winter 2009 kam eines Tages ein Kraftfahrzeugfahrer zu mir. Er war klein und ging ein bisschen in die Breite. Er sah aber ganz nett aus.

Vor ein paar Monaten hatte sich seine Frau in jemand anderen verliebt. Sie war in einer Nacht-und-Nebel-Aktion von zu Hause ausgezogen. Nach 30 Ehejahren verließ sie ihn einfach so. Darüber war er traurig und tief verletzt.

Er jammerte: »Meine Tochter ist schon älter und bereits aus dem Haus ausgezogen. Ich kriege bald Rente und wollte mit meiner Frau dann die Welt bereisen. Ich wollte mit ihr den Rest meines Lebens glücklich verbringen. Ich habe sie sehr geliebt und ich liebe sie immer noch. Und jetzt muss mir noch so etwas passieren.«

Er guckte mich traurig an und fragte: »Kann ich sie noch zurückgewinnen? Lohnt es sich überhaupt noch zu kämpfen?« Er war den Tränen nahe.

Er hieß Jürgen und wurde am 09. April 1947 um 17.00 Uhr geboren. Aus astrologischer Sicht muss er sich mindestens einmal im Leben scheiden lassen. Denn der »Scheidungsteufel« sitzt genau auf seinem Ehehaus. In den vergangenen Jahren hatte Jürgen kaum Zeit für seine Frau. Da er den Geist »Das fliegende-Pferd« hat, ist er andauernd unterwegs, der Beruf als LKW-Fahrer kommt genau richtig für ihn.

Dadurch kommt das Eheleben zu kurz. Unter solchen Umständen wird sich die Ehefrau immer vernachlässigt fühlen. Außerdem ist Jürgen noch dazu wortkarg. In manchen Situationen fehlen ihm einfach die Worte. Er weiß nicht, wie man eine Frau zum Lachen bringt oder sie verwöhnt.

Ich erzählte Jürgen das und er bejahte meine Aussagen. Jürgen wusste nun, dass ich ihn durchschaut hatte. Ich versuchte ihn zu überreden, seine Frau zu vergessen. Seine Kampfaussage würde nichts bringen. Seine Frau würde nicht mehr zu ihm zurückkehren.

Ich warf noch einmal einen kurzen Blick auf sein Horoskop. Da fiel mir etwa auf. Forsch fragte ich ihn: »Warst du schon einmal verheiratet? 1970 musstest du nämlich eine schmerzhafte Trennung mit einer Frau erlebt haben. Was ist genau passiert?«

Jürgen war sichtlich geschockt von meinem Worten, er murmelte: »Das war meine erste Frau. Sie hat sich in diesem Jahr das Leben genommen. Geheiratet haben wir 1967.«

»Lass mich raten, sie war schwanger und deshalb hast du sie geheiratet.«

»Ja, früher war es verwerflich, ein Kind vor der Ehe zu bekommen, zumindest fühlte ich mich so, deswegen habe ich sie geheiratet. Und 1968 hat sie unseren Sohn zur Welt gebracht.«

Zum Schluss erkannte Jürgen, dass das Schicksal ist. Man muss nur das Beste daraus machen. Es ist schade, dass nach all den Jahren seine Ehe in die Brüche gegangen ist, aber das Leben geht weiter.

Ein paar Monate später rief Jürgen mich an. Ihm ging es schon viel besser. Um seine Frau zu vergessen, war er dabei, ein neues Leben anzufangen. »Die Schmerzen und Wunden sind noch nicht verheilt, aber durch dich habe ich gelernt, damit besser umzugehen«, sagte er.

Die Frauen »lauern« auf ihren Mann

28. März 2013. Nachmittags rief mich eine fremde Frau an. Sie entschuldigte sich zunächst bei mir für die Störung. Danach fragte sie, ob ich ihr die Telefonnummer der Waschanlage, die sich in der Nähe meines Hauses befand, weitergeben könnte. Sie war leicht hysterisch und klang am Telefon sehr verärgert. Die Frau erklärte mir nun ihr Anliegen: »Gestern war ich in der Waschstraße und habe das Auto waschen lassen. Ich wollte die Unterbodenwäsche für sieben Euro in Anspruch nehmen, jedoch bekam ich eine unnötige Komplettwäsche. Der Angestellte hat dann von mir neun Euro verlangt statt sieben. Ich bin deswegen stinksauer. Mir geht es nicht um die zwei Euro. Es geht mir ums Prinzip. Man kann doch nicht die Kunden übers Ohr hauen. Ich muss mich bei dem Chef beschweren.« Nach einer kurzen Atempause redete sie weiter: »Ich habe schon bei der Auskunft angerufen, um die Nummer von der Waschanlage zu kriegen. Nach einer Stunden Warten bin ich endlich an die Reihe gekommen. Die Frau von der Zentrale gab mir letztlich Ihre Telefonnummer. Mehr konnte sie leider nicht tun. Sie fand nicht die Nummer von der Waschanlage. Jetzt frage ich Sie, ob ich von Ihnen die Telefonnummer bekommen kann.«

Ich spürte, wie die Wut in ihr brodelte. Ich verstehe nicht, wie man wegen zwei Euro so außer Rand und Band sein kann. Die Nummer von der Waschanlage kenne ich auswendig, denn mein Mann arbeitete dort eine Zeit lang. Zuerst musste ich aber den Chef anrufen, um zu fragen, ob er damit einverstanden ist, dass ich seine Telefonnummer weitergebe.

Zum Schluss bekam die fremde Frau endlich, was sie wollte. Sie klang nun ziemlich glücklich und erleichtert. Ich wunderte mich über ihren so schnellen Stimmungswechsel. Unvorstellbar für mich, eine Stunde in der Warteschleife zu hängen, nur um eine Telefonnummer zu bekommen. Das ist doch zum Haare Raufen!

Ich glaubte, dass sie dem Wasserelement angehört. In diesen zwei Monaten befinden sich die Wasserelement-Menschen in einer »Ärger-Phase«, viele sind schnell reizbar und das schon bei jeder Kleinigkeit.

Damit ich meine Vermutung bestätigt bekam, schlug ich ihr vor, dass ich ein Horoskop für sie erstelle. Ich erklärte ihr, dass ich Astrologin bin.

Anfangs war sie nicht so begeistert. Sie meinte: »Das kostet bestimmt richtig viel.« Ich versicherte ihr aber, dass ich das kostenlos mache.

Sie wurde am 10. Juni 1972 um 16.20 Uhr geboren. So befasste ich mich mit ihrem Horoskop. Meine Vermutung war wieder richtig. Sie gehörte tatsächlich zu dem Wasserelement und befand sich gerade in einer angespannten und unruhigen Phase.

Nach noch nicht einmal zehn Minuten rief sie wieder an. Sie wollte Näheres über ihre Beziehung erfahren.

Ich sagte zu ihr: »1998/99 gab es eine Krise in deiner Beziehung. Hast du dich in diesem Jahr von deinem Mann getrennt?«

»Ja«, antwortete sie. »1998 hat es bei uns heftig gekriselt. Ein Jahr später haben wir uns dann voneinander getrennt.«

»Dein Mann ist fremdgegangen, nicht wahr?«, fragte ich.

»Ja, er hat mich mit meiner besten Freundin hintergangen. Ich habe sie in Flagranti erwischt, daraufhin habe ich ihn sofort aus dem Haus geschmissen«, erwiderte sie.

Dann wollte ich von ihr wissen: »Im Jahr 2008 hast du dich in jemanden verliebt? Doch im Jahr 2009 kriselte es wieder.«

Ihr Stimme war leicht erhöht, sie antwortete: »Im Jahr 2008 lernte ich meine große Liebe kennen. 2009 haben wir uns dann nicht mehr verstanden. Ein Jahr später trennten wir uns schließlich.«

»Auch er ist fremdgegangen«, erwähnte ich.

Sie klang sehr verzweifelt und offenbarte: »Vor einigen Jahren schenkte mein Vater mir einen Gutschein von einer bekannten

Astrologin. Die Astrologin behauptete, dass ich bis zu meinem dreißigsten Lebensjahr Pech mit den Männern habe. Jetzt bin ich schon vierzig Jahre alt und ich sehe bei mir immer noch keine Besserung. Wann geht diese verdammte Pechsträhne bei mir vorbei?«

Leider sah ich keine Besserung bezüglich dieses Themas. Es lag an ihrem Geburtsschicksal. Die Frauen in ihrer Umgebung »lauerten« rücksichtslos auf ihren Partner. Sie war einem ständigen Konkurrenzkampf ausgesetzt.

Dazu kam noch, dass sie starrköpfig und langweilig war. Sie bedrückte alle Männer mit ihrer bloßen Anwesenheit.

Das behielt ich selbstverständlich für mich, weil diese Aussage für meine Begriffe sehr verletzend ist. Ich setzte die Tatsache vorsichtig um und habe sie auf nette Weise überbracht.

Zum Schluss gab ich ihr ein paar Worte auf den Weg mit: »Bleibe locker und entspannt. Nimm alles nicht so ernst und wache jeden Morgen mit einem Lächeln auf. Bald wirst du eine neue Tür aufschlagen. Du brauchst ein bisschen mehr Leichtigkeit in deinem Leben.«

»Nonnen«-Aspekt

Am 18. März 2013 rief mich meine Schwester an. Es ging um eine junge Frau auf ihrer Arbeitsstelle. Vor einiger Zeit hatte sie mitbekommen, wie ich für eine ihrer Kolleginnen wahrgesagt hatte und wie treffsicher ich dabei bin. Das machte sie total neugierig. Deshalb bat sie meine Schwester, mich anzurufen. Die junge Frau hatte momentan Beziehungsprobleme und sie wollte wissen, wie es mit den Männern weitergeht.

Sie wurde am 05. Juni 1989 um 13.05 geboren. Um die Frau ein bisschen besser »kennenzulernen«, fragte ich sie am Telefon über ein paar Punkte aus. Ich sagte zu meiner Schwester: »Deine Kollegin spricht nicht gern, aber wenn sie sich mit jemandem in ein Gespräch verwickelt, scheint sie richtig aufzublühen, sie ist eigentlich sehr redegewandt.«

»Oh, ja«, bestätigte meine Schwester. »Meine Kollegin ist schon ein halbes Jahr bei uns beschäftigt, bis jetzt haben wir kaum ein Wort miteinander gewechselt. Vor zwei Tagen sprach sie mich wegen der Astrologie an und entpuppt sich dabei als eine sehr redselige Person. In kurzer Zeit hat sie mir ihre ganze Vergangenheit anvertraut.«

»Deine Kollegin wirkt ein bisschen einfältig und unbeholfen«, »tratschte« ich etwas über sie.

»Ganz genau«, entgegnete meine Schwester. »Manchmal frage ich mich, ob sie einen kleinen Dachschaden hat. Zudem verfügt sie nur über einen Hauch von Weiblichkeit, manchmal benimmt sie sich wie ein Kerl.«

Zurück zu der Beziehung. In dem Geburtshoroskop der jungen Frau war kein Mann zu sehen. Ihr Wunsch oder ihre Sehnsucht nach Männern war gleich Null. Mit anderen Worten, ihre Chemie oder die Anziehungskraft zu Männern war nicht vorhanden. Das war eine Frau mit dem typischen »Nonnen«-Aspekt. Früher gingen viele Frauen ins Kloster, weit weg von dieser »verführerischen Welt«.

Ab 2009 kommt für sie aber eine »Männerphase«, welche die nächsten zwanzig Jahre andauern wird. Das bedeutet, dass sie auf einmal viel interessanter auf Männer wirkt und viel Aufmerksamkeit auf sich zieht. Es wird nicht mehr so schwierig, die Männer kennenzulernen und mit ihnen zu flirten. Aber eine Beziehung ist noch nicht in Sicht, sie wird auf eine harte Probe gestellt. Denn in ihrer Grundkonstellation existiert kein Mann, sie wird auch keinen Mann fürs Leben finden. Die Beziehungen werden schnell scheitern. Ich versuchte meiner Schwester den Zustand ihrer Kollegin klar darzustellen.

»Das erklärt alles«, entgegnete meine Schwester. »Ich kenne all ihre Geschichten.« Sie fing am Telefon an, die Story über die junge Frau zu erzählen: »Als meine Kollegin noch klein war, ließen sich ihr Eltern scheiden. Sie wuchs bei ihrem Vater auf. Als sie zwanzig Jahre alt war, machte sich ihr Vater große Sorgen um ihre Zukunft. Seiner Meinung nach kommt seine Tochter in die Jahre, wo Mädchen sich allmählich vorm Sitzenbleiben fürchten. Es ist höchste Eisenbahn, dass seine Tochter eine eigene Familie gründet und Kinder bekommt. In den vergangenen zwei Jahren versuchte ihr Vater, auf dem Heiratsmarkt einen passenden Mann für sein Kind zu finden, was in China ganz üblich ist. Er versuchte, seine Tochter zu vermitteln und sie so schnell wie möglich unter die Haube zu bringen. Zur Freude des Vaters interessierten sich Dutzende von heiratswilligen Männer für seine Tochter, aber traurigerweise war keine Beziehung zustande gekommen.«

Meine Schwester holte kurz Luft und dann erzählte sie ihre Geschichte unverdrossen weiter: »Vor einiger Zeit lernte meine Kollegin einen Mann kennen, der zehn Jahre älter ist als sie. Die beiden haben sich öfters getroffen und sich gut verstanden, auch von Heirat war die Rede. Aber vor ein paar Tagen hat der Mann plötzlich jeglichen Kontakt zu ihr abgebrochen, er meldete sich nicht mehr bei ihr und ging auch nicht ans Telefon. Der Mann hat sich einfach in Luft aufgelöst. Meine Kollegin ist sehr traurig. Sie hat inzwischen die Mutter des Mannes besucht und möchte, dass die Mutter ihr hilft und die beiden wieder zusammenführt. Die ältere Dame macht sich so viele Sorgen um ihren schwer vermittelbaren Sohn. Ihr sehnlichster Wunsch ist es, dass ihr Sohn bald heiratet und ihr ein Enkelkind schenkt. Sie ermutigte meine Kollegin, am Ball zu bleiben und nicht gleich die Hoffnung aufzugeben. Aber der Mann hat sich nie mehr gemeldet, er ist auf Nimmerwiedersehen verschwunden.«

Meine Schwester seufzte, sie hatte anscheinend Mitleid mit ihrer Kollegin. Es gab genug Singles auf dem Markt, aber ausgerechnet so eine junge Frau wollte keiner haben. Es musste Schicksal sein.

Zwei Monate später rief ich meine Schwester an und nebenbei fragte ich nach der jungen Frau.

»Ah, am Anfang beschwerte sich meine Kollegin, warum kein Hahn nach ihr kräht, sind alle Männer auf der Welt blind? Aber jetzt ist sie wieder ein glücklicher Single«, erzählte meine Schwester am Telefon. »Sie sucht nicht mehr krankhaft nach Männern. Ihr Vater hat seinen Plan, der nichts brachte, ebenfalls aufgegeben. Zurzeit lautet ihr Motto: Wenn es kommt, dann kommt es.«

»Konkubine«

In den vorherigen Geschichten habe ich einen Artikel über jemanden geschrieben, der Jonny heißt. Die Geschichte über seine Mutter geht mir einfach nicht aus dem Kopf. Ich würde gerne wissen, was in der Welt seine Mutter in den Ruin getrieben hat, sodass sie sich das Leben nehmen wollte. War es eine schwere Krankheit oder die Eifersucht?

Herbst 2012. Jonny war geschäftlich in der Nähe unterwegs. Als er bei uns zu Besuch war, nutzte ich die Gelegenheit und fragte ihn nach dem Geburtsdatum seiner Mutter.

Jonnys Mutter wurde am 10. November 1957 in Ostdeutschland geboren. Die Geburtsuhrzeit wusste Jonny leider nicht. Das störte mich nicht weiter, denn die chinesische Astrologie braucht in manchen Fällen keine genaue Uhrzeit, um ein Horoskop erstellen zu können. Als ich das Datum von Jonnys Mutter sah, war mir bewusst, was Sache war. Am nächsten Tag, als Jonny und ich alleine waren, fragte ich ihn, ob sein Vater im Jahre 1992 fremd gegangen sei und ob der Selbstmordversuch seiner Mutter damit zusammenhänge.

Jonny nickte. Ich merkte, dass er eigentlich die Vergangenheit hinter sich lassen wollte. Er befasste sich verständlicherweise nicht gern mit diesem schmerzhaften Thema. Aber da ich genau ins Schwarze getroffen hatte, schien er neugierig zu werden. Von unserem letzten Gespräch wusste er, dass ich sowieso alles durchschauen würde.

»War die Geliebte deines Vaters auch eine Bekannte oder Freundin deiner Mutter?« Meine Neugier war riesig.

»Ja«, erwiderte Jonny darauf. »Die Affäre beziehungsweise die Geliebte von meinem Vater wohnte nur einen Steinwurf weit von uns. Sie war damals eine Freundin meiner Mutter. Meine Schwester und ich kennen sie seit unserer Kindheit.« Jonny wunderte sich, dass ich das auch wusste. Er wollte dazu noch mehr Informationen haben.

»Es ist vielleicht seltsam zu hören, aber deine Mutter hat einen typischen Konkubinen-Aspekt«, erklärte ich. »Sie muss sich immer mit anderen Frauen einen Mann teilen. Früher war solch eine Frau meistens die Nebenfrau oder die zweite oder dritte Frau eines Reichen. Heutzutage heißt es, dass sich die Frau mit diesem Aspekt immer wieder in einem verheirateten Mann verliebt oder ihr Ehemann früher oder später fremdgeht.«

Da witzelte Jonny: »Soll ich zu meinem Vater gehen und sagen, dass seine Liebschaften nicht ganz so abwegig sind?« Inzwischen hatte Jonny wieder eine gute Beziehung zum Vater. »Muss meine Mutter immer mit ansehen, wie mein Vater fremdgeht? Hast du einen Tipp, wie ich meiner Mutter helfen kann?«, fragte er. Jonny schien kaum Hoffnung zu haben, aber eine Frage schadet nichts.

»Doch«, sagte ich. »Ich rate deiner Mutter, dass sie sich in Zukunft nicht mehr mit einer Frau eng befreunden oder die Freundin vorher ganz genau unter die Lupe nehmen soll. Da liegt nämlich der Hase im Pfeffer.«

Die »Pfirsichblüte«

In der folgenden Geschichte geht es um Joe und seine »Freundin«. Joe ist ein flüchtiger Bekannter meines Mannes und kommt aus Norddeutschland. Ende 2011 bekam Joes Firma einen großen Auftrag in Dortmund und er mietete in unserer Nähe langfristig ein Apartment. Hin und wieder besuchte er uns.

Joe ist ein schmächtiger junger Mann. Er ist Anfang dreißig und 1.90 m groß. Mit der Zeit wurden Joe und mein Mann gute Freunde, sie hatten voreinander kaum Geheimnisse.

Frühling 2012 erfuhr ich von meinem Mann, dass sich Joe Hals über Kopf in eine Frau verliebt hatte, die in der Nähe wohnte. Joe schwebte im siebten Himmel und fuhr jeden zweiten Tag nach der Arbeit zu ihr.

Über die Frau erzählte Joe nicht viel. Wir wussten nur, dass sie aus Rumänien kommt. Sie sollte hübsch sein und lange Haare haben. Vier Monate später gab mir Joe einen Zettel, auf welchem das Geburtsdatum der Frau stand. Joe wollte einen Partnervergleich von mir erstellt bekommen.

Die Frau wurde am 26. Juli 1984 um 18.50 Uhr in Rumänien geboren. Ihr Datum war für mich wie ein offenes Buch, man kann dadurch vieles über sie erfahren. Die neue Flamme von Joe ist eine intelligente Frau und kann gut Gesichter lesen. Sie kann einem Honig um den Mund schmieren, ohne dass man das merkt. Im Klartext, sie ist eine sehr raffinierte Frau und kann die Männer leicht um den Finger wickeln.

Man konnte auch deutlich sehen, dass sie nicht viel Wert auf die Arbeit legt. Sie tendiert dazu, schnelles und einfaches Geld zu verdienen. Was mir auch nicht gefiel, war, dass sie den Dämon der »Pfirsichblüte« hat, der in ihrer Geburtsuhrzeit vorgegeben ist. Die »Pfirsichblüte« steht für Erotik, Liaison, Triebhaftigkeit und großen sexuellen Appetit. Die Menschen mit der »Pfirsichblüte« auf der Uhrzeit sind typische Fremdgänger und in sexuellen Angelegenheiten ziemlich wild und zügellos. Sie sind wie eine Blume, die am Wegesrand oder außerhalb des Zaunes oder der Mauer wächst. Jeder kann sie bestaunen, anfassen und pflücken. Solche Leute haben eine ungewöhnliche Auffassung und Ansicht zum Thema Sexualität, sie haben eine andere Moralvorstellung, dazu noch eine starke Libido. Die Männer mit so einem »Dämon« aus der Uhrzeit sind hinter jedem Rock her, sie springen gerne von Bett zu Bett, ohne Rücksicht auf die Ehefrau. Die Frauen mit so einer Konstellation sind meistens Animierdamen oder Prostituierte. Es ist für sie völlig natürlich und selbstverständlich, ihre sexuellen Fantasien auszuleben und dazu noch Geld zu bekommen!

Ich vermutete, dass das Datum von Joes Freundin nicht stimmte. Es war unmöglich, dass Joe sich in so eine Frau verliebt hatte. Ohne nachzudenken behauptete ich, dass sich Joe wahrscheinlich in den Daten geirrt hatte, denn das Geburtsdatum war möglicherweise das einer Prostituierten.

Joe war sehr bestürzt über meine Worte. Er hatte im Traum nicht ahnen können, dass man so etwas auch errechnen kann. Nach kurzem Zögern gab Joe überraschenderweise zu, dass er seit ein paar Monaten immer wieder in den Puff gegangen war und seine Herzdame dort kennengelernt hatte. Er erzählte, dass es Liebe auf den ersten Blick war. Seitdem ging er öfter dorthin, manchmal blieb er in dem Club sogar die ganze Nacht. In den vergangenen paar Monaten hatte Joe fast 8.000 Euro dort gelassen. Er kannte sich selbst nicht mehr.

Kein Wunder, dass Joe in diese Frau so versessen war, denn er hatte im Jahr 2012 einen »Liebes-Aspekt«, welcher alle 60 Jahre nur einmal vorkommt. Im Gegensatz zu ihm hatte die Frau dieses Jahr leider keinen Liebes- oder Partneraspekt, sondern einen Geldzuwachsaspekt. Zudem hatte Joe eine Konstellation im Horoskop, die auf eine aussichtslose und unerwiderte Liebe hindeutet. Es war nur eine einseitige Zuneigung, Joe war unglücklich verliebt.

Der Joe, den ich kenne, ist sehr eifersüchtig und besitzergreifend. Das ist das komplette Gegenteil zu der Frau, denn sie ist ein freiheitsliebender Mensch. Eine ernsthafte Beziehung mit Joe kommt für sie nicht in Frage.

Jetzt ist es einige Jahre her. Um ihre finanzielle Situation zu verbessern, zieht die Frau von Stadt zu Stadt und von Club zu Club. Joe fährt auch immer hinterher, er folgt ihr und wird sie wahrscheinlich bis ans Ende der Welt begleiten.

Nymphomanin

Vor einem Jahr zog ein Paar mit einem Kind in der Nachbarschaft ein. Kurz danach freundete sich der Nachbar mit meinem Mann an. Sein Name ist Jan, er ist sehr hilfsbereit. Nach einigen Monaten Bekanntschaft drückte mir das Paar eines Tages ihr Geburtsdatum in die Hand. Jan kennt zwar seine Geburtszeit nicht, trotzdem lässt sich feststellen, dass er einer der nettesten Männer auf der Welt ist.

Als ich mir dann das Horoskop seiner Frau ansah, war ich sehr überrascht. Die Frau wurde am 15. März 1978 um 0.30 Uhr geboren. Sie hat eine der schlimmsten Konstellationen, die manche sich jemals wünschen können, denn sie ist nach dem Volksmund eine absolute »Schlampe«.

Die Frau heißt Judith. Nach dem Bazi Suanming, dem Acht-Zeichen-Prinzip, ist Judith nur von Männern umgeben. Dazu gehört jegliche Form von Mann (Ehemann, Geliebter). Die Männer ziehen sie wie ein Magnet an. Das bedeutet, dass sie die Finger nicht bei sich behalten kann. Wenn sie einen Mann sieht, werden ihre Knochen ganz weich und ihr Puls fängt heftig an zu schlagen. Sie ist eine Frau, die möglicherweise zu jedem Mann hingeht und beim ersten Date behauptet, dass sie ihn liebt. Sie ist in Sachen Männer überhaupt nicht wählerisch. Sie verschenkt ihr Herz sehr schnell.

Ich kann mir nur schwer vorstellen, dass Judith solch eine Frau ist. Sie ist ein bisschen mollig, aber sieht gut aus. Sie arbeitet sehr fleißig und wurde sogar vor kurzem befördert.

Anfang Februar 2014. Ein Bekannte von uns hatte Geburtstag und wir wurden zu einer Karaoke-Party eingeladen. Auf dem Weg dorthin trafen wir Jan und seine Frau, die gleich mit uns kamen. Auf der Party saß Judith dicht neben dem Gastgeber, der seinen 35. Geburtstag feierte.

Es war eine gute Gelegenheit sich noch besser kennenzulernen. Gleichzeitig nahm ich Judith unter die Lupe und beobachtet sie von nahem. Nach gerade einmal zehn Minuten fing Judith an, den Körperkontakt mit dem Gastgeber zu suchen. Sie und das Geburtstagskind tauschten ihre Handynummern aus. Ihre Hand landete ganz »zufällig« auf dem Körper ihres Gastgebers. Nach einer halben Stunde streichelte Judith das Bein von dem halb betrunkenen Gastgeber und sie zeigte ihm ihre Brüste, da diese mit Tattoos versehen sind. Kurz danach umarmten und schmusten sie hemmungslos miteinander, während ihr Mann Jan gegenübersaß und alles mit ansehen musste.

Ich bin kein Moralprediger, ich hatte mich auch schon auf das schlimmste eingestellt. Aber das, was ich sah, übertraf meine Vorstellungskraft.

Ich verstand nicht, warum Jan nichts dagegen unternahm. Denn das Tun und Treiben seiner Frau war demütigend und unerträglich. Jan hatte zwar ein mürrisches Gesicht bekommen, aber er nahm alles so hin und es schien, als ob er den Schmerz in sich hineinfraß und den Ärger runterschluckt. Ich war der Meinung, dass es innerlich in ihm kochte und brodelte, bloß traute er sich nicht, das zu sagen, da er zu nett ist. Seinem Horoskop zufolge ist Jan sehr gutmütig und er kann auch großzugig über alles hinwegsehen. Aber für die anderen Gäste war es zu viel des Guten und sie konnten sich das Elend nicht mehr mit ansehen.

Ein Gast stellte Judith zur Rede und fragte sie: »Wie kannst du mit einem anderen Mann so hemmungslos flirten, während dein eigener gegenüber von dir sitzt? Wenn du meine Frau wärst, hätte ich dich schon längst aus dem Haus geschmissen. Wie kannst du deinem Mann so etwas antun?«

Es war, als würde der Gast gegen eine Wand reden. Denn Judith ging sogar noch weiter und tanzte eng umschlungen mit dem Geburtstagskind und behandelte Jan wie Luft. Am Ende gingen Judith und der Gastgeber Hand in Hand aufs Klo. Angeblich gab es zwei Toiletten.

Die anderen Gäste tuschelten schon, dass Jan und seine Frau womöglich eine offene Beziehung führen, denn sonst wäre solch ein Verhalten indiskutabel. Trotzdem sollte man seinen Ehemann nicht so blamieren, sodass er sein Gesicht komplett verliert.

Es wurde auch gemunkelt, dass Jan bisexuell ist, was ich für unwahrscheinlich hielt. Es gibt Menschen, die einfach zu feige und nett sind, um jemand anderen zu kritisieren. Jan ist ein harmonischer Mensch, er verabscheut jede Art von Streit, und so lässt er sich vieles gefallen.

Judith ist auch ein Opfer. Nämlich ein Opfer ihres Schicksals. Viele halten sie für »billig« und leicht zu haben, besser gesagt für eine »Nymphomanin«. Sie weiß nicht, was »Scham« ist und ihr Benehmen findet sie selbst ganz akzeptabel und in Ordnung, denn sie kennt es nicht anders.

Zwei Tage später traf mein Mann Jan zufällig vor der Haustür. Bei der Gelegenheit hat mein Mann mit ihm Tacheles geredet. Er fragte Jan, wie er seiner Frau gegenüber alles dulden und in Kauf nehmen könne? Da antwortete Jan überraschend: »Das ist noch harmlos. Wenn meine Frau richtig betrunken ist, wird es noch schlimmer, dann geht es richtig ab.«

Mein Mann war sprachlos, mir fehlten auch die Worte. Man sagt, dass es für jeden Topf einen Deckel gibt. Die beiden haben sich wirklich gefunden.

Kinder

Vor ein paar Jahren, als meine Familie nach China verreiste, besuchten uns einige Verwandte und Bekannte im Hotelzimmer. Als sie erfuhren, dass mein Mann und ich kein zweites Kind mehr haben möchten, da scherzten manche: Die Chinesen machen die Einkindpolitik, und die Deutschen befolgen sie. Es ist allgemein bekannt, dass die Deutschen durchschnittlich nur 1.2 Kinder haben.

Später, anhand des Gründungstages, verschaffte ich mir einen Überblick über den Kinderzustand in Deutschland und China. Ich stellte fest, dass China seit dem Jahr 1978 zwanzig Jahre lang einen »Kinder-Vertreibungs-Aspekt« hat. Das erklärt die Einkindpolitik. Ab 2013 steht in China die »Kinder-Wunsch-Energie« bevor, zwei Kinder sind dann in einer Familie erlaubt.

In Deutschland ist es leider auch nicht ideal. Die Grundkonstellation besteht auf einem »kein-Kinder-Wunsch«-Aspekt. Das ist der Grund, warum viele junge Paare in Deutschland einfach kein Kind haben möchten, obwohl kaum ein Land so viel Kindergeld anbietet und der Staat das Kindergeld fortlaufend erhöht.

Die Kinder sind unsere Zukunft und unsere Hoffnung. Das Wort »gut« setzt sich im Chinesischen sogar aus zwei Schriftzeichen, nämlich Tochter und Sohn, zusammen. Ein Kind bedeutet, dass alles gut wird. Die Kinder sind die Existenz der Menschheit und das Fundament des Lebens.

Das wirkliche Leben ist leider kein Wunschkonzert. Manche Familien haben viele Kinder, alle sind gesund und erfolgreich. Manche Familien wünschen sich sehnsüchtig ein Kind, aber dennoch werden sie einfach nicht schwanger. Manche Kinder sterben sogar frühzeitig oder sind seit der Geburt schwer krank.

Vor kurzem habe ich ein Märchen gelesen und es machte mich tief traurig:

Ein lang verheiratetes Ehepaar wünscht sich sehnsüchtig ein Kind, aber es bekommt keins. Das Paar geht jeden Tag zum Tempel und betet. Zehn Jahre sind vergangen. Die beiden Wächter, die das Tor zum Himmel überwachen, sind sichtlich berührt von dem Ehepaar und sie gehen zu Gott und flehen, ob er ihnen ein Kind schenken könnte.

Gott sagt, sie können ein Baby bekommen, unter der Bedingung, dass er dem Kind das Leben nehmen will, wenn es 16 Jahre alt ist.

Das Paar denkt nicht weiter darüber nach. Die beiden sind überglücklich, dass sie endlich ein Kind gebären können. Zehn Monate später bringt die Mutter eine gesunde Tochter zur Welt. Das Ehepaar ist voller Freude und hat die Worte Gottes längst vergessen.

Die Zeit verfliegt. Mit 16 Jahren ist das Mädchen plötzlich sehr krank und liegt im Sterben. Die Eltern und die zwei Wachen tun alles, um das Mädchen am Leben zu halten, aber nichts hilft. An dem besagten Tag stirbt das Mädchen.

In der Realität passiert so etwas Ähnliches tagtäglich, keiner möchte in der Haut solcher Eltern stecken.

Das ist alles Schicksal, solch eine Information über unsere Kinder steht in unserem Datum geschrieben. Wenn man solch ein herzzerreißendes Ereignis vermeiden und sich vor schmerzlichen Erfahrungen hüten will, sollte man vorher lange überlegen und sich die Fragen stellen: Warum bekam ich kein Kind? Was steckt dahinter? Oder wollte ich alles in Kauf nehmen, um ein Kind zu bekommen?

Fehlgeburt

Anfang 2013. Wie jeden Sonntag telefonierte ich mit meiner Schwester. Sie ist Erzieherin in einem Kindergarten. Obwohl sie viel zu tun hat, ist sie mit ihrem Job zufrieden. Denn die Kinder halten sie jung. Bald kam meine Schwester auf ihre Arbeitskollegin zu sprechen. Sie wollte wissen, ob ich für sie ein Horoskop erstellen kann, besser gesagt für die Tochter der Kollegin.

Die Tochter von ihr war seit langem verheiratet, aber es gab immer noch keine Aussicht auf Kinder. Die ganze Zeit übte das Pärchen fleißig, doch es wollte einfach nicht funktionieren. Alle zweifelten schon, ob die junge Frau überhaupt schwanger werden konnte. Die Kollegin fragte sich oft, ob sie jemals Oma werden würde.

Die junge Dame wurde am 20. April 1983 um 6.30 Uhr geboren. Nachdem ich für sie ein Horoskop anfertigte, rief ich meine Schwester an und teilte ihr mit: »Es gibt eine gute und eine schlechte Nachricht. Die gute Nachricht ist, dass sie die Chance hat, noch dieses Jahr schwanger zu werden, besser gesagt, sie kann ab jetzt jederzeit schwanger werden. Die schlechte Nachricht ist, dass es eine Schwangerschaft mit großen Hindernissen werden wird.«

Besorgt fragte meine Schwester: »Was gibt es denn für Hindernisse?«

Ich meinte zu ihr: »Das Pärchen kann zwar bald ein Kind bekommen, aber sie wird das Kind auch früh verlieren. Das Ungeborene hat leider null Chance zu überleben. Es klingt zwar hart, aber ich möchte die Tatsache nicht schön reden. An ihrer Stelle würde ich mir überlegen, ob ich überhaupt schwanger werden möchte.«

Meine Schwester und ich überlegten lange, wie sie die Nachricht schonend ihrer Kollegin überbringen konnte. So etwas sollte nicht auf die leichte Schulter genommen werden, denn viele Menschen können mit solch einer Nachricht schlecht umgehen.

Drei Monate später erfuhr ich von meiner Schwester telefonisch, dass die junge Dame, so wie ich es prophezeit hatte, endlich schwanger sei. Nach all den Jahren hatte es geklappt. Die Frau und ihre Mutter waren überglücklich. Doch der Arzt hatte ein paar Ungereimtheiten entdeckt. Die Schwangerschaft war nun unter starker Beobachtung.

Der besorgte Vater, der sich gerade auf einer Geschäftsreise in Japan befand, hatte dem dortigen Arzt die Blutwerte seiner Frau gezeigt. Der Arzt hatte eine erleichternde und eine zugleich verheißungsvolle Diagnose erstellt. Die Werte seien alle im grünen Bereich. Das junge Paar war beruhigt. Anscheinend ist die Technik so weit, dass sie eine Fehlgeburt verhindern kann.

Die Arbeitskollegin gab nach der Bekanntgabe der Schwangerschaft der Tochter ihren Job auf, um sich um ihr Kind zu kümmern und es zu unterstützen.

Drei Monate später. Eines Tages rief meine Schwester mich an und teilte mir mit: »Leider musstest du schon wieder recht haben. Sie hatte eine Fehlgeburt. Die Ärzte konnten nichts tun, um die Schwangerschaft aufrechtzuerhalten. Dazu kommt noch, dass sie dieses Jahr nicht mehr schwanger werden darf. Es würde nämlich die Mutter und das Kind gefährden.«

Selten wünsche ich mir, falsch zu liegen. Dieses Mal wollte ich einmal mit der Aussage danebenliegen.

Der Mann und das Kind erscheinen zusammen

Es gibt in der Welt viele Familien und Paare, die sich nach Kindern sehnen, aber nicht schwanger werden. Es gibt auch Familien, die mehrere Kinder auf die Welt bringen und nie genug kriegen können. Es gibt auch Paare, die sich kein Kind mehr wünschen, trotzdem wurde die Frau gegen ihren Willen schwanger. All das kann vorher errechnet werden. Aber warum das Schicksal so ist, bleibt insgesamt für die Menschheit rätselhaft.

Wir haben eine Bekannte, die nicht so weit von uns weg wohnt. Sie hat schon zehn Kinder, und nebenbei betreibt sie noch einen kleinen Laden. Ihr Mann ist ebenso selbstständig und hat eine eigene Firma. Ich wundere mich immer wieder, wie sie das alles unter einen Hut bringen können und was für eine super Frau sie ist.

Vor einiger Zeit beschloss das Paar, kein weiteres Kind mehr in die Welt zu setzen, deshalb ließ sich die Frau sterilisieren. Ein halbes Jahr nach der gewünschten Operation wurde die Frau überraschenderweise wieder schwanger. Jetzt freuen sie sich über ihr elftes Kind.

Im zweiten Fall geht es um eine junge Frau, die aus meinem Heimatland kommt. Ihr Name ist Lou. Sie wurde am 01. Oktober 1977 um 7.30 Uhr geboren. Seit über zehn Jahren lebt sie bereits in Deutschland, aber Deutsch spricht sie kaum. Lou ist dafür musikalisch sehr begabt. Sie ist eine exzellente Pianistin. Sie schreibt ihre eigenen Songs und ihre Lieder sind der Hammer! Es scheint, als ob sie keinen Bedarf hätte, die Sprache zu lernen. Als ich sie darauf ansprach, meinte sie zu mir: »Irgendwann werde ich nach China zurückkehren. Warum sollte ich denn überhaupt Deutsch lernen?«

2007 hat Lou einen jungen Mann kennengelernt und sich Hals über Kopf in ihn verliebt. Eines Tages fragte sie mich, ob ich etwas über ihre neue Liebe sagen könne. Anhand seines Geburtsdatums erkannte ich, dass der junge Mann 2004 und 2005 möglicherweise gegen das Gesetz verstoßen hatte, sogar ein kurzer Gefängnisaufenthalt war nicht auszuschließen.

Da bestätigte mir Lou, dass ihr Freund 2004 durch Menschenschmuggler nach Deutschland eingeschleust worden war, dafür war er für einige Zeit in dem Lager für Asylbewerber eingesperrt worden.

Lou wollte wissen, ob die beiden eine Zukunft haben würden. Mit Freude sagte ich »ja«. Aber mir war noch aufgefallen, dass sich die beiden in den nächsten zwei Jahren in einem starken »Vertreib-Kind«-Aspekt befinden würden. Daraufhin riet ich Lou, dass sie verhüten sollen, wenn sie momentan kein Kind haben möchten, denn Lou hatte noch das Glück beziehungsweise die Gefahr, dass ihr Mann und das Kind zusammen erscheinen. Das heißt, dass Lou sehr fruchtbar ist und leicht schwanger werden kann.

Frühling 2008. Lou rief mich eines Morgens an: »Ich bin zurzeit beim Gynäkologen, denn ich bin schwanger. Ich will abtreiben, bevor es zu spät ist. Der Arzt hat mir manche Dinge erklärt, leider verstehe ich nur Bahnhof. Ich weiß nicht, was ich machen soll. Kannst du mit ihm reden und mir dann übersetzen? Soll ich mich schonen und auf mich Acht geben?«

Am selben Tag telefonierten wir noch einmal lange miteinander. Eigentlich war Lou streng katholisch erzogen worden. Früher musste sie jeden Sonntag mit ihren Eltern zur Kirche gehen. Sie war damals im Kinderchor und spielte Klavier.

Ich war davon überzeugt, dass Katholiken nicht abtreiben dürfen. »Du hast auch recht«, sagte Lou, »doch ein uneheliches Kind zur Welt zu bringen ist aus meiner Sicht viel schlimmer. Ich hoffe, dass meine Mutter davon nichts spitz bekommt. Sie wäre nämlich sehr enttäuscht von mir gewesen. Ich will ihr das lieber ersparen.«

Ich war sprachlos, doch ihre Entscheidung musste ich so hinnehmen.

Bevor Lou noch einmal würde abtreiben müssen, wiederholte ich meine Worte nachdrücklich: »Pass diese zwei Jahre besonders auf, denn du kannst leicht schwanger werden. Wenn du keine Kinder willst, verhüte am besten.«

Herbst 2009. Lou war wieder beim Frauenarzt. Sie wollte wieder einmal abtreiben und hatte mich deswegen angerufen. Als ich das hörte, war ich sehr enttäuscht. Aber eigentlich war das Schicksal daran »schuld«.

Eine Polin

Eines Tages im Herbst 2009 rief mich eine fremde Frau an. Sie hatte von einer Bekannten meine Telefonnummer bekommen und wollte durch mich etwas über sich selbst erfahren und vieles besser verstehen.

Am Telefon fragte sie mich, ob ich zu ihr nach Hause kommen könne, da sie nicht mehr die Jüngste sei und sich ihr Auto in der Werkstatt befinde. Deswegen sei sie nicht mehr in der Lage, mich zu besuchen.

Ich war sofort einverstanden. Es macht mir nichts aus, ob ich zu ihr fahre oder sie zu mir kommt. Am Telefon hatte sie mir ihr Geburtsdatum gegeben. Die genaue Uhrzeit wusste sie leider nicht. Nach der Erinnerung ihrer Mutter liegt die Zeit zwischen 15.00 und 17.00 Uhr nachmittags.

Die fremde Frau heißt Ute. Sie wurde am 17. März 1938 in Polen geboren. Anhand des chinesischen Kalenders werden die Leute, die nach 16.00 Uhr in Polen geboren wurden, automatisch zu dem Tag danach gerechnet. Ich steckte in einer Zwickmühle und wusste nicht, welche Uhrzeit ich nehmen sollte. In diesem Fall war die Uhrzeit entscheidend. Wenn sie falsch ist, dann stimmt der Geburtstag, und daraufhin die Prognose nicht mehr. Da Ute so eine angenehme Stimme am Telefon hatte, war ich davon ausgegangen, dass sie eine schöne Frau ist. Ohne groß nachzudenken, schlussfolgerte ich, dass sie zwischen 16.00 und 17.00 Uhr geboren wurde. Nach dieser Zeit gehört Ute dem Metall-Element an. Die Leute, die dem Metall-Element angehören, sind ordnungsliebend und hübsch. Sie haben meistens nicht nur schöne Gesichtszüge, sondern auch eine tolle Figur. An dem Tag, als sie geboren wurde, war die »Schönheits-Göttin« für sie zuständig.

Ich fertigte ein Horoskop für sie an und fuhr dann zu ihr. Als Ute die Tür öffnete, war mir bewusst, dass ich einen Fehler begangen hatte. Ute war sehr klein und unscheinbar, sie trug eine Brille und war lässig gekleidet. Sie war aber eine warmherzige Frau, ein typischer Yin-Erde-Mensch, das Gegenteil von den Metallmenschen. Die Beratung, die danach folgen würde, stimmte dann auch nicht mehr. Auf Anhieb erstellte ich für sie dann ein neues Horoskop.

Als Ute noch klein war, war sie mit ihrer Familie nach Deutschland ausgewandert. Sie musste schon früh anfangen zu arbeiten und Verantwortung für die ganze Familie übernehmen »Nichts wurde mir geschenkt«, sagte Ute. Ihre Worte konnte ich anhand ihrer astrologischen Konstellation bestätigen. Man konnte deutlich erkennen, dass sie eine schwere Kindheit und Jugend durchlebt hatte.

Ute hat schöne, feine, graue Haare und einen netten Gesichtsausdruck. Sie lächelt ständig. Dieses Mal hatte ich dazugelernt und ließ mich nicht vom Schein beirren: »Ute, wenn du vor 16.00 Uhr geboren wurdest, dann leidest du öfter an Depressionen.«

Ich merkte, dass das Lächeln langsam verschwand. »Das hast du bestimmt in meinen Augen gesehen«, behauptete Ute.

Ich konnte sie gut verstehen, weil es nicht das erste Mal war, dass mir so etwas »unterstellt« wurde. »Ich kann doch kein Gesicht lesen«, sprach ich ehrlich zu Ute. »Aber es steht alles in deinem Geburtsdatum.«

Kaum waren meine Worte ausgesprochen, gab Ute sofort zu, dass sie oft mit Depressionen zu kämpfen hatte.

Es gibt im Leben viele Themen, die Schmerz verursachen. Man sollte vorsichtig damit umgehen. Aber am Anfang hatte Ute von mir verlangt, dass ich »schonungslos« mit ihr umgehen soll. Ute ist eine hoch spirituelle Frau, eine eingefleischte Esoterikerin, die öfter eine Wahrsagerin oder Astrologin in Anspruch nimmt. Sie hatte in ihrem Leben viel erreicht, nichts konnte sie mehr erschüttern. Ute wollte alles über sich und ihre seelischen Aufgaben erfahren.

Ich fuhr fort: »Die Chemie zwischen dir und deinen Kindern stimmt leider nicht. 1986 oder 1987 muss etwas mit deinem Kind passiert sein.« Aufgrund ihres Geburtsdatums erkannte ich, dass sie in dieser Zeit eines ihrer Kinder verloren hatte.

Als Ute das hörte, war sie sichtlich schockiert. »Das kannst du auch an meinem Datum sehen?!«, fragte sie mich verblüfft.

»Man kann vieles durch das Datum errechnen«, erklärte ich ihr.

Ute nahm einen Schluck Tee zu sich und erzählte mir kurz danach ihre traurige Geschichte: »Ich hatte zwei Kinder, einen Jungen und ein Mädchen. Als mein Sohn damals noch klein war, musste er sich stark am Kopf gestoßen haben«, vermutete Ute. »Ich musste arbeiten und Geld nach Hause bringen, daher hatte ich kaum Zeit für meine Kinder. Mein Junge war schon von klein auf etwas schwerfällig. Ich vermute, dass die Babysitterin meinen Jungen vernachlässigt hat. Anders kann ich mir das nicht erklären.«

Nach einer kurzen Pause erzählte Ute weiter: »Im Jahre 1986 ging es meinem Jungen ganz schlecht. 1987 hat er sich erhängt und sich so das Leben genommen.« Ute schien aufgewühlt zu sein und nachdenklich. »Ich war schon öfters bei Wahrsagern und bei Psychologen, um mich beraten zu lassen. Aber es ist für mich immer noch schleierhaft, warum ausgerechnet mein Sohn so leiden musste. Ich werde immer noch nicht damit fertig.«

Ute trank ihren Tee bis auf den letzten Schluck. Sie schaute mir in die Augen und sagte: »Jetzt habe ich endlich begriffen, dass es alles Schicksal ist. Es nützt nichts, wenn man sein ganzes Leben lang trauert.«

Zum Schluss redeten wir über ihre Tochter und ihre Enkelin. Zwar stritt sie sich ab und zu mit ihrer Tochter, aber als sie auf das Foto mit ihrer Enkelin anschaute, funkelten ihre Augen. Sie wirkte sehr glücklich.

Zwei Söhne

Eines Tages im Herbst 2009 besuchte mich eine Frau, die einen weiten Weg auf sich genommen hatte. Ihr Name war Magdalena, eine Mittsechzigerin. Komischerweise wollte Magdalena nichts von sich, sondern nur etwas über ihre Söhne erfahren. Sie gab mir nun ein Datum und fragte: »Das ist mein jüngster Sohn, kannst du etwas über ihn sagen?«

Der Junge wurde am 22. Juni 1983 um 14.25 Uhr geboren. Innerhalb von zwei Minuten stellte ich sein Horoskop fertig. »Dein Sohn müsste sich letztes Jahr in eine Dame verliebt haben. Diese Dame ist etwas älter als dein Sohn oder sie ist jung, aber wirkt sehr reif.«

»Alles korrekt«, sprach sie. »Mein Sohn hat seine jüngere Freundin verlassen und ist zu seiner neuen Liebe gezogen und sie haben sogar dieses Jahr geheiratet.« Nach kurzer Überlegung fragte mich Magdalena, ob ich etwas über den Gesundheitszustand ihres Sohnes sagen könne.

Ich machte keine Diagnosen bezüglich des Themas Gesundheit. Ich deute nur an, was der Schwachpunkt in seinem Leben ist. Es war nicht zu übersehen, dass das Element Holz in seiner Grundkonstellation stark beschädigt ist. Das Element Holz steht in der Astrologie für Nerven, Knochen, Leber und Kopf. Ich vermutete, dass etwas mit dem Kopf sein muss.

Magdalena schien sichtlich von meinen Worten überrascht zu sein. Der Arzt hatte ihrem Sohn diagnostiziert, dass er einen Tumor im Kopf hat. Doch dieser sei glücklicherweise gutartig und noch behandelbar.

Magdalena gab mir nun das Datum von ihrem älteren Sohn. Sie fragte mich, ob ich etwas Auffälliges feststellen könne.

Ihr erster Sohn wurde am 09. April 1974 um 16.55 Uhr geboren. Er war nach den fünf Elementen ein Yin-Metall-Mensch. Ich warf einen Blick auf sein Horoskop und mir fiel sofort auf, dass die Chemie zwischen ihm und seinem Kind nicht stimmte, obwohl er Kinder über alles liebte. Seit 1996 befand er sich noch in einer »Kinder-Vertreibungs«-Phase. Besonders in den Jahren 2006 und 2007 sollte jegliche Art von Schwangerschaft und Geburt vermieden werden. 2008 und 2009 sieht es mit einem Kind besser aus.

Magdalena wirkte geschockt und zeigte sich betroffen: »Mein Sohn hat 2007 eine Tochter bekommen. Doch das Mädchen überlebte gerade einmal fünf Tage. Es hat allen sehr weh getan und es war nicht leicht zu verarbeiten. Zum Glück brachte meine Schwiegertochter am 26. März 2009 ein gesundes Mädchen zur Welt. Wir sind alle ganz vernarrt in die kleine Maus.« Ein Lächeln huschte über ihr Gesicht, als sie an ihre kleine Enkelin dachte.

Bevor sie ging, meinte sie: »Warum habe ich dich nicht vorher kennengelernt? Das hätte uns einiges Leid und viel Schmerz erspart.«

Die Sekte hat meinen Jungen ruiniert

Eines Tages im Sommer 2008 kam ein älteres Ehepaar zu mir. Sie hatten auf Umwegen erfahren, dass ich das Schicksal und die Zukunft deuten kann, deshalb klingelten sie bei mir auf gut Glück an der Tür.

Die beiden waren über siebzig, es war nicht zu übersehen, dass die Jahre in ihrem Leben Spuren hinterlassen hatten. Besonders bei dem Herrn, denn er war leicht krumm und hatte ein runzeliges Gesicht.

So wie die meisten Chinesen, die Ehrfurcht vor älteren Leuten empfinden, ging ich auch respektvoll mit den beiden um. Ich bat sie, Platz zu nehmen, und bereitete einen Tee für die beiden zu.

Die Dame nippte am Tee und fragte mich, ob ich anhand ihres Datums etwas dazu sagen könne, denn sie selbst hatte bedauerlicherweise nicht die genaue Geburtsuhrzeit. Die beiden hatten keine besonderen Wünsche, sie wollten nur Allgemeines über sich wissen.

»Das mache ich doch gern«, sagte ich.

Der Mann hieß Hans. Er wurde am 26. April 1935 um 12.30 Uhr geboren. Hans gehörte dem Holz-Element an. Mir war sofort aufgefallen, dass in seinem Ehehaus die »Geliebte« festsitzt. Das bedeutet, dass Hans gerne mal ein Auge auf andere Frauen warf und ab und zu auch mal fremdging. Natürlich behielt ich das für mich. Andererseits war Hans auch ein Mensch mit starker Selbstdisziplin, Techtelmechtel waren erlaubt, aber er würde niemals seine Ehe aufs Spiel setzen.

Normalerweise interessieren sich die älteren Leute für ihre Kinder, deshalb schaute ich genauer in dem Kinderhaus nach. Nachdem ich die acht Zeichen von Hans betrachtet und diese genauer unter die Lupe genommen hatte, war ich plötzlich sehr beunruhigt, denn 2008 war ein Jahr, in welchen sich ein Kind von ihnen in großer Gefahr befunden hatte. Es ging nämlich um Leben und Tod.

Bevor ich meine Aussage abgab, holte ich zuerst tief Luft und versuchte mit einer ruhigen Stimme die Frage zu stellen: »Ist Ihrem Kind vor kurzem etwas zugestoßen?«

Kaum hatte ich meine Frage gestellt, da fing die Dame zu weinen an.

»Mein armes Kind, warum passiert so etwas ausgerechnet uns?« Sie schluchzte und ihre Stimme zitterte.

Ich reichte der Dame ein Taschentuch und legte meine Hand auf ihre Schulter. Heimlich legte ich ein Tuch zur Seite für den Fall, dass ich gleich auch anfangen würde zu weinen. Ich habe nämlich die Schwäche, anderen beim Weinen zuzusehen. Egal, ob im Fernsehen oder im wirklichen Leben, da werden meine Augen gleich feucht. Das zeichnet die Holzelement-Frauen aus. Manchmal weinen meine Tochter und ich vor dem Fernseher, darüber macht sich mein Mann öfter lustig. Das ist aber ein anderes Thema.

»Unser Sohn hat Selbstmord begangen«, fügte Hans mit trauriger Stimme hinzu. »Ende Mai dieses Jahres hat er sich vor den Zug geworfen und sich das Leben genommen.«

Ich fühlte die tiefe Trauer der beiden und ihr gebrochenes Herz. Ich hatte das Gefühl, dass meine Augen auch rot waren.

Ihr Sohn wurde am 20. Mai 1962 um 14.00 Uhr geboren. Nach den fünf Elementen gehörte er dem Metall-Element an. Die Grundkonstellation des Jungen war miserabel, aber glücklicherweise lief in seinem Leben seit der Kindheit eine gute Phase. Diese Glücksphase dauerte 45 Jahre, in der alles einwandfrei und reibungslos für ihn lief.

Ab 2007 war die Glückssträhne leider zu Ende, sein ganzes Leben wurde plötzlich auf den Kopf gestellt. Im Jahr 2007 spielte er öfter mit Selbstmordgedanken. 2008 hatte ihn der letzte »Geist«, der für Freude zuständig ist, verlassen. Der Junge litt unter starken

Depressionen, es war wie ein seelischer »Tumor«, der das Gehirn unheimlich schädigte. Für ihn gab es keinen Ausweg mehr, deswegen der Selbstmord.

Nach meiner Erklärung war das Paar etwas erleichtert, denn meine Aussage stimmte mit dem Lebensverlauf ihres Sohnes überein.

»Mein Junge war ein Genie und Überflieger in der Schule«, erzählte mir der Vater. »Er schrieb immer gute Noten und war in allen Fächern perfekt. Außerdem war er sehr sportlich und spielte verschiedene Musikinstrumente. Wir machten uns nie Sorgen um ihn. Anfang 2007 hatte er eine Sekte kennengelernt, die sein Leben stark beeinträchtigte, seither war der Junge nicht mehr bei Sinnen. Die Sekte hat ihn auf die schiefe Bahn geführt, sie hat ihn ruiniert.«

Hans war fast außer sich, als er über die Sekte sprach. Eigentlich wollte das Paar etwas gegen die Sekte unternehmen. Durch unser Gespräch erkannten die beiden allerdings, dass alles Schicksal ist, nichts könnte ihren Sohn noch zurückbringen. Es blieb ihnen nichts anderes übrig, als die Realität zu akzeptieren.

Ende 2008 kam Hans wieder zu mir, er war wie ausgewechselt. Er spürte wieder Lebensfreude, die zuvor schon lange verschwunden gewesen war, sogar ein kleines Lächeln wurde in sein Gesicht gezaubert.

Hans erzählte, dass seine Frau und er eine Rundreise in China gemacht haben, ein neuer Ort und eine neue Umgebung tun gut. Die beiden hatten sich sofort in China verliebt und die Menschen dort ins Herz geschlossen.

Als das Paar von der Reise zurückgekommen war, hatten sie ihre Fotos, die sie unterwegs gemacht hatten, zwei Mal entwickelt. Sie schenkten mir die Fotos und wollten ihre Freude mit mir teilen.

Als Hans Abschied nahm, fragte er mich plötzlich: »China ist so schön und wir fühlen uns dort pudelwohl. Warum haben die deutschen Medien immer etwas an China auszusetzen. Es wird immer negativ in den meisten Zeitungen berichtet, was stark gegen unsere Überzeugung ist.«

Ich fand seine Frage sehr interessant und antwortete: »Die meisten Menschen oder Länder, die dem Metall-Element angehören, neigen dazu, andere zu kritisieren, statt vor seiner eigenen Tür zu kehren.«

Hans guckte mich verwirrt an, er verstand kein Fachchinesisch.

Um es besser zu erklären, erzählte ich: »Zum Beispiel, dein verstorbener Sohn war auch ein typischer Metallmensch …«

Über Tote spricht man nichts Ungutes, aber ein besseres Beispiel fand ich auf Anhieb nicht.

»Oh, ja.« Hans schien es zu kapieren. »Mein Sohn hatte immer an allen Ecken was beanstandet und bemängelt. Es war manchmal sehr verletzend, aber wir hatten ihn trotzdem lieb. Es ist schon gut zu wissen, dass mein Sohn nicht speziell uns meinte, es war seine Art, es lag in seinem Blut.«

Reich und Arm

Für viele Leute ist das Geld das wichtigste im Leben. Vieles dreht sich nur ums Geld. Aber in unserer Gesellschaft sind Geld und Reichtum sehr ungerecht verteilt. Die Schere zwischen arm und reich klafft sich immer mehr auseinander. Es ist verständlich, dass sich viele ein Leben voller Unabhängigkeit und Reichtum wünschen und darum bemühen, aber nur wenigen gelingt es, ihre Träume in die Realität umzusetzen. Man findet keine passende Erklärung zu diesem Phänomen. Viele Leser und Leserinnen fragen sich bestimmt: Sag bloß nicht, dass es auch vorherbestimmt ist.

Nach jahrelanger Erfahrung muss ich leider feststellen, dass es in diesem Punkt auch vorgegeben ist, ob man reich oder arm ist. Wir haben kaum Einfluss darauf.

Manche Leute sind in eine reiche Familie geboren und haben ein Leben lang keine finanziellen Sorgen. Manche müssen aber hart arbeiten und kämpfen, um Reichtum zu erlangen. Manche können nicht zum Geld kommen trotz aller Bemühungen und hartem Arbeiten. Manche bleiben lebenslang arm und im schlimmsten Fall verliert man sogar das Dach über dem Kopf.

Glücklicherweise gibt es noch ein Auffangsystem. Unser Staat fängt die Menschen bei solchen Problemen auf. Er sorgt dafür, dass der Arme ein warmes Essen und eine Wohnung hat und die Reichen genug Steuern zahlen. Aber ich fürchte, dass ein zu starkes Eingreifen bei den Reichen komplett zur Armut führt, weil man sich dem Gesetz des Universums widersetzt.

Es gibt eine vielsagende chinesische Überlieferung, die ich hier mitteilen möchte: Eines Tages beschwert sich der Beschützer der Erde über die ungerechte Verteilung des Reichtums; der Hüter des Reichtums fühlt sich missverstanden und zu Unrecht beschuldigt.

Die beiden Meister verabreden sich im Himmel, um zu sehen, wie der Reichtum verteilt wird.

Sie schauen vom Himmel herab und entdecken eine Gruppe von Kutschern, die die Straße entlang laufen. Die beiden Meister entscheiden, dass die armen Kutscher das Geld bekommen sollen. Um das Leben der Armen zu bereichern, werfen sie einen Batzen Geld, das direkt vor den Füßen der Kutscher landen.

In dem Moment, als das Geld fällt, sagt der eine Kutscher zum anderen: »Lass uns mit geschlossenen Augen rennen, um herauszufinden, wer der schnellste von uns ist.« Alle schließen die Augen und rennen los. Deshalb verpassen die Kutscher den Batzen Geld und somit ihre Chance zum Reichtum.

Die zwei Meister bedauern dies. Sie vergraben eine Handvoll Goldstücke im Wald, um noch einmal zu testen und zu sehen, wer dieses Mal das Geld bekommt. Kurz danach kommt ein reicher Ritter in den Wald, um seine Notdurft zu verrichten. Da fängt sein Pferd plötzlich an mit den Hufen im Boden zu graben. Die versteckten Goldstücke kommen zum Vorschein. Als der Ritter zurückkommt, freut er sich natürlich riesig über den Fund.

Diese kleine Geschichte verdeutlicht, dass unser Geld auch in der Hand Gottes liegt. Er ist unser ursprünglicher Geldgeber. Kein Wunder, dass manche Leute immer reicher werden. Alles, was sie anfassen, wird zu Gold. Es gibt aber auch Leute, die nicht mit dem Geld umgehen können und es leichtsinnig aus dem Fenster schmeißen, weil ihre Beziehung zu Geld und materiellen Dingen sehr dürftig ist.

Einigen Leute geht es in einer bestimmten Phase sehr gut, anderen wiederum sehr schlecht. Einige haben die Fähigkeit und Chance, selbstständig zu werden und schnell zum Wohlstand zu kommen. Manche müssen ihr Leben lang Angestellte bleiben und auf Selbstständigkeit verzichten.

All das kann man vorher errechnen. Es ist ratsam, einen versierten Astrologen zu Rate zu ziehen, bevor man eine wichtige Entscheidung über Geldangelegenheit trifft.

Deine Geldquelle liegt im Ausland

Ich flog in Oktober 2012 nach China, um meine Eltern zu besuchen. Neben mir im Flugzeug saß ein sympathischer Geschäftsmann aus Düsseldorf. Um die Zeit zu überbrücken, kamen wir ins Gespräch. Er erzählte mir, dass er Harry heißt und in einer großen Firma in Düsseldorf arbeitet. Er war gerade auf Geschäftsreise, um die Verbindung nach China zu pflegen. Harry war klein und hatte graue Haare. Er ging auf die Siebzig zu. Als er erfuhr, dass ich Hobbyastrologin bin, schien er sehr skeptisch zu werden.

Er meinte: »Man soll mit seinem eigenen Willen und seiner eigenen Kraft das Beste aus seinem Leben machen. Man sollte nicht an das Schicksal glauben.«

Schon wieder so ein Skeptiker. Um ihn zu überzeugen, dass die Astrologie kein Hokuspokus ist, wollte ich freiwillig für ihn in die Sterne schauen.

Harry wurde am 25. Juni 1939 um 5.50 Uhr geboren. Ich holte mir Stift und Papier aus der Tasche heraus und erstellte ein Horoskop für ihn.

Dadurch verstand ich ihn viel besser. Er war ein Optimist durch und durch, dazu noch sehr wohlhabend. Um auf den Punkt zu kommen, fragte ich ihn direkt: »Du bist ein reicher Mann. Die Firma gehört dir, stimmt's?«

Harry lächelte und sagte: »Die Firma gehört mir. Ich habe über 100 Angestellte.«

Ich fuhr fort: »In deiner Kindheit und Jugend hast du viel Schönes erfahren.«

Harry lächelte wieder: »Mein Vater war etwas streng, aber durch seinen Ansporn bekam ich oft gute Noten in der Schule. Mein Ziel war es, Architekt zu werden. Früher spielte ich verschiedene Musikinstrumente. Nebenbei habe ich schon die halbe Welt bereist.«

»Anfang der 80er Jahre ging es dir nicht mehr so gut.« Ich »analysierte« ihn weiter.

»Korrekt«, entgegnete Harry darauf. »Kannst du sehen, was im Jahr 1983 mit mir passiert ist?«

Ich warf einen Blick auf meine Notizen und teilte ihm mit: »Entweder hast du deine Frau verloren oder du hast eine größere Menge Geld verloren. Im unglücklichsten Fall ist dir beides widerfahren.«

Bedrückt sprach er zu mir: »Ja, meine erste Frau ist in diesem Jahr durch einen Unfall ums Leben gekommen. Die Geschäfte hätten in diesem Jahr auch besser laufen können.«

Meine Worte versetzten ihn in die Vergangenheit.

In diesem Moment kam eine hübsche Stewardess und brachte uns das Essen. Unsere Unterhaltung wurde kurz unterbrochen. Kaum waren wir mit dem Essen fertig, fing Harry an, mich auszufragen: »Wie sieht es mit meinen Geschäften aus?«

»Internationalgeschäfte sind dir von Vorteil, weil deine Kunden und Geschäftspartner meistens aus dem Ausland kommen«, gab ich zur Antwort.

»Da hast du recht, meine Kunden kommen überwiegend aus dem Ausland«, bestätigte Harry.

Ich gab ihm den Hinweis: »Aber du solltest die Geschäfte in Ländern vermeiden, die dem Erde-Element angehören. Dazu gehört zum Beispiel Arabien. Du machst dort nur Verluste. Deine Geldquelle oder das lukrative Geschäft liegt im Norden. Es ist von Vorteil, wenn du den Geschäften in Russland und in den skandinavischen Ländern nachgehen würdest.«

Harry war erstaunt und belegte es: »Wow, wenn ich das vorher gewusst hätte. In den Achtzigern machte ich Geschäfte mit Kuwait und anderen arabischen Ländern. Das war beschwerlich und mühsam, dennoch hatte ich dort keinen Erfolg. Seit zehn Jahren bin ich geschäftlich in Finnland und Russland unterwegs. Das Geschäft boomt und unsere Firma macht einen zufriedenstellenden Umsatz.« Es fiel ihm wie Schuppen von den Augen.

Im Endeffekt ist es sehr einfach zu erklären. Es sind kosmische Regeln einzuhalten. Wir erfahren oft: Wenn man sich in einer tiefen Krise befindet, bekommt man kaum Aufträge und sitzt in der Tinte, man kann seinen Kredit nicht mehr zurückzahlen. Sobald die guten Zeiten kommen, kann man wieder aufatmen und sich sogar eine goldene Nase verdienen.

Harry schien endlich von der Astrologie überzeugt zu sein. Es gibt im Leben Leute, die ständig nach Herausforderung und Beschäftigung suchen, sonst ist das Leben langweilig und sinnlos. Harry war auch so ein Mensch. Er war immer unterwegs, um neue Kontakte zu knüpfen. Er sagte: »Die Arbeit macht mir einfach Spaß. Außerdem habe ich 100 Angestellte, die eine Familie haben und die ernährt werden müssen. Ich will so lange arbeiten, bis ich nicht mehr kann.«

»Wenn du nichts dagegen hast, werde ich dir noch ein kleines Geheimnis über dich verraten: Du kannst nämlich nicht lange allein sein, du brauchst immer Gesellschaft, sonst fühlst du dich einsam und verloren«, ergänzte ich.

Harry schaute mich überrascht an und sein Gesichtsausdruck sagte alles. Bestimmt dachte er: Verdammt, woher weiß diese Frau so viele private Dinge über mich?

Dann flüsterte er mir ins Ohr: »Immer, wenn ich alleine bin, schicke ich einen Mitarbeiter in mein Büro und rede mit ihm über die Arbeit. Das tue ich nur, damit ich mich nicht so einsam fühle.«

»Reicher« Araber

In der Stadt gibt es ein großes Restaurant. Die Besitzer sind ein Deutscher und seine Frau, eine Ägypterin. Sie führen nebenbei noch ein kleines Hotel. Seit einigen Jahren besuchen wir gelegentlich dieses Lokal, daher kennen wir die Besitzerin auch sehr gut.

Winter 2012. Bei einem Abendessen war uns aufgefallen, wie ein Araber in dem Eingangsbereich dieses Restaurants saß und seinen Tee trank. Später erfuhren wir von einem Mitarbeiter, dass der Araber sein Geschäft in Deutschland ausbauen und das Restaurant, welches mehrere Million Euro wert ist, kaufen wollte. Aus diesem Grund ging er jeden Tag dorthin und schaute sich an, wie das Geschäft lief. Er zählte die Gäste, die ein- und ausgingen, und rechnete, wie viel Umsatz das Restaurant im Monat erzielte.

Sommer 2013. Eines Tages besuchten mein Mann und ich wieder das Restaurant. Wir saßen im Biergarten und genossen das schöne Wetter. Da kam die Besitzerin lächelnd zu uns und versuchte mit uns nett zu plaudern. Zum Schluss fragte sie mich leise, ob ich ein Horoskop für jemanden erstellen könne.

Sie erzählte, dass sie vor ein paar Jahren einen reichen Araber in Dubai kennengelernt habe, der auch ihr Landsmann sei. Vor einiger Zeit hatte der Araber einen Beschluss gefasst und wollte in Deutschland investieren. Er zeigte großes Interesse an ihrem Restaurant, welches fünf Millionen Euro wert sei. Im Winter 2012 hatte sich der Araber das Restaurant zwei Monate lang angeschaut und bei ihr im Hotel übernachtet. Diesen Sommer war er wieder hier, um seine letzte Entscheidung zu treffen – für oder gegen den Kauf des Geschäfts. Das Problem war, dass der Araber die ganze Zeit nur die Zeche prellte und keinen Cent bezahlte.

»Wie kann das passieren?«, fragte ich die Besitzerin neugierig.

»Es ist so«, erzählte die Besitzerin weiter mit ihrer einzigartigen Geschichte, »eine Woche, nachdem er bei uns übernachtet hat, sprachen mein Mann und ich ihn an und forderten ihn auf, dass er seine Rechnung bezahlen soll. Ihm schien es sehr peinlich zu sein. Statt die Rechnung auszugleichen, holte er ein Blatt Papier aus seinem Aktenkoffer und zeigte uns seinen Überweisungsschein. Er erzählte uns, dass er 20 Millionen Euro vom Ausland nach Deutschland überwiesen hat und dass er jetzt auf sein Geld warten würde. Er versicherte uns: Sobald er das Geld bekommt, wird er die Rechnung begleichen. Voraussichtlich würde das in einer Woche geschehen. Um uns selbst zu überzeugen, dass er kein Märchen erzählt, haben wir den Überweisungsschein genauer betrachtet. Wir haben die ganzen Nullen gesehen und gezählt. Der Araber ist tatsächlich 20 Millionen Euro reich. Wir hoffen nur, dass er sein Wort hält und uns nicht über den Tisch zieht.«

Nach kurzer Pause erzählte sie weiter: »Eine Woche später war immer noch nichts passiert. Als wir ihn wieder ansprachen, meinte er, wie sehr er uns in sein Herz geschlossen hat. Deswegen möchte er uns 20.000 Euro schenken. Natürlich erst, wenn er das Geld endlich von der Bank bekommt. Er hat auch gesehen, dass wir für Sanierungsarbeiten und für den Ausbau unserer Firma finanzielle Unterstützung brauchen könnten. Das war für ihn Anlass genug, uns einen Kredit ohne Zinsen von 150.000 Euro zu geben. Obwohl wir schon etwas skeptisch waren, waren wir doch überglücklich. Diesen Araber kennengelernt zu haben, scheint wie ein Sechser im Lotto. Das war ein unbeschreibliches Glücksgefühl. Nach ein paar Tagen verging bei mir dann die Euphorie. Die Tatsache, dass er längere Zeit bei uns kostenlos übernachtete, ließ mich unruhig schlafen. Wir stellten uns ständig die Frage, ob er ein Hochstapler sei und den Leuten das Blaue vom Himmel verspreche. Vor Verzweiflung haben wir uns auch an die zuständige Bank gewandt. Doch diese gab uns keinerlei Auskunft aus Datenschutzgründen. Nun kam mir aus der Not heraus die Idee, dass du möglicherweise für den Araber ein Horoskop erstellen könntest. Daraus könnten wir sehen, ob er wirklich das ist, als was er sich ausgibt.«

Der Araber wurde am 23. Juli 1954 in Ägypten geboren. Von der Besitzerin erfuhr ich, dass der Araber acht Geschwister hatte, doch sieben davon waren im Laufe der Zeit gestorben. Daraus konnte ich seine Geburtsuhrzeit herausfinden. Nachdem ich das Horoskop für ihn fertiggestellt hatte, war ich etwas beruhigt. Sein Datum hatte mir verraten, dass er ein wohlhabender Mann war, er hatte schon mal viel Geld verdient und war super reich gewesen. Leider musste ich auch feststellen, dass seine gute Zeit ab dem Jahr 2012 zu Ende geht. Er würde überall den Gegenwind spüren und Stolpersteine würden nun in sein Leben gelegt. Ich fürchtete, dass seine Versprechen nur Lippenbekenntnisse waren. Er war momentan nicht in der Lage, ein großes Restaurant zu führen. Dadurch würde das Paar nur eine große Enttäuschung erleben. Zum Glück konnte man anhand des Horoskops der Besitzerin feststellen, dass sie in diesem Jahr keinen Geldverlust-Aspekt haben würde, leider auch keinen Geldzuwachs-Aspekt. Ich vermutete, dass der Araber seine Schulden bezahlen würde, aber ein Kaufvertrag zwischen den beiden würde nicht zustande kommen.

Unverzüglich informierte ich die Besitzerin detailliert darüber. Von ihr erfuhr ich, dass sie bis jetzt immer noch keinen Cent von dem Araber gesehen hatte, denn der Bankdirektor, der mit diesem Fall vertraut war, befand sich gerade im Urlaub. Daher kamen die Verzögerung und die lange Wartezeit. Außerdem musste ihn die Bank wahrscheinlich gründlich überprüfen. Das war eine große Summe. Die Behörde in Deutschland wollte sichergehen, dass das Geld nicht von einer Geldwäsche stammte oder, schlimmer noch, dass es nicht für terroristische Absichten gedacht war. Die Untersuchungen brauchten ihre Zeit.

Ende Juli 2013 rief die Besitzerin mich eines Abends an und ihre Stimme war voller Aufregung: »Nach einer gefühlten Ewigkeit ist immer noch keine Besserung zu sehen. Mein Mann und ich verloren langsam unsere Geduld und unseren Glauben. Trotzdem haben wir uns nichts anmerken lassen und sind weiterhin zuvorkommend zu dem Araber. Die Hoffnung, dass er uns noch etwas schenkt oder uns zumindest einen Kredit gibt, hatten wir längst begraben. Wir wollten nur, dass er seine Schulden begleicht. Am 05. Juli 2013 hat der Araber überraschenderweise die ganzen Schulden bezahlt. Er hat sogar einen Monat im Voraus bezahlt. Daraufhin ist uns endlich ein Stein vom Herzen gefallen. Der Araber hatte kein Wort mehr über das Geschenk oder den Kauf des Restaurants erwähnt, es waren alles nur Versprechungen. Ein paar Wochen später ist er geschäftlich nach Polen gereist. Bevor er ging, hat er herzlich Abschied von uns genommen. Er behauptete, dass er zu uns kommen würde, sobald die Geschäfte in Polen erledigt sind. Er beteuerte, dass er dort maximal einen Monat bleibt.«

Jetzt sind schon zwei Jahre vergangen und die Restaurantbesitzerin hat bis heute nichts mehr von ihm gehört.

Hartz-IV-Empfänger

Vor einigen Jahren veranstaltete einmal ein Freund von uns eine »Tanz in den Mai«-Party, wir waren selbstverständlich eingeladen. Man konnte auf der Party so viel trinken, wie man wollte, nur das Essen musste selbst bezahlt werden.

Zu der Mahlzeit bestellten wir das Essen vom Restaurant. Die Lieferung kam auch pünktlich. Einer der Gäste namens Mike hatte sich einen Auflauf für 13,50 Euro bestellt. Statt 13,50 Euro, was das Essen eigentlich kostete, gab er dem Lieferanten 20 Euro. Ein anderer Gast traute seinen Augen nicht, als er das sah. Er fragte Mike direkt: »Bist du nicht Hartz-IV-Empfänger?« Daraufhin antwortete Mike mit »Ja« und fragte: »Wie kommst du darauf?«

Ich wurde neugierig und hörte den beiden bei ihrer Unterhaltung zu.

»Kein Wunder, dass du so großzügig mit Geld umgehst«, legte der Gast sofort los: »Mir würde es weh tun, so viel Trinkgeld aus meiner eigenen Tasche zu zahlen. Ich habe jeden Cent hart erarbeitet.« Der Mann nahm kein Blatt vor dem Mund.

Dieser Zwischenfall hatte mein Interesse geweckt. Um näher zu erfahren, wie das Horoskop typischer Hartz-IV-Empfänger aussieht, bat ich Mike später höflich um sein Geburtsdatum.

Mike wurde am 17. April 1983 um 11.30 Uhr geboren. Mir wurde klar, warum er Unterstützung vom Staat bekam, denn in seinem Geburtshoroskop existiert kein »Geist«, der für Geld oder Reichtum zuständig ist. Außerdem sind die Hälfte von den acht Zeichen in seinem Horoskop die »Dämonen der Plünderung«, die mit Armut assoziiert sind. Sein »Hab und Gut« weiß Mike nicht richtig zu schätzen. Mit einem Wort, Mike hat die Konstellation eines typisch bettelarmen Menschen. Zum Glück ist Mike in Deutschland geboren, ansonsten würde er schon längst auf der Straße leben und um seine drei Mahlzeiten betteln.

Normalerweise bin ich anders erzogen worden: Wer nicht arbeitet, kriegt auch nichts. Aber ich habe unendlich Mitleid mit Mike. Sein Schicksal meint es nicht gut mit ihm. Das Geld, das die Menschen lebenslang anstreben, bedeutet wenig für ihn. In seinen Augen ist Geld nur ein Stück Papier, ein Zahlungsmittel. Das erklärt, warum er so leichtsinnig mit Geld umgeht.

Ein paar Tage später, als wir den Freund von Mike, der auch unser Freund ist, trafen, fing er an, über Mike zu »lästern«: »Am Anfang des Monats kriegt er das Geld pünktlich von Vater Staat. Aber es reicht bei ihm gerade mal für zwanzig Tage oder weniger. Denn er schmeißt sein Geld aus dem Fenster. Jeden Tag lässt er sich das Essen liefern, dazu gibt er sein Geld noch für Alkohol und Zigaretten aus. Am schlimmsten ist, dass er sein Geld für Videospiele ausgibt. Am Ende des Monats ruft er oft mich an und bettelt um Hilfe. Er schuldet mir schon Hunderte von Euro.«

Er schien seinen Frust richtig loswerden zu wollen. Seine Beschwerde war noch nicht zu Ende: »Im Winter läuft meine Familie mit dicken Jacken in der Wohnung herum. Wir sind Arbeiter und können uns die hohen Stromkosten nicht mehr leisten. Aber wenn ich bei Mike zu Hause bin, fühle ich mich so, als würde ich eine Sauna betreten. Die Heizung ist auf die höchste Stufe gedreht und er läuft zu Hause immer mit einem T-Shirt herum. Er muss sich ja nicht um die Heizkosten Sorgen machen. Das bezahlt ja bei ihm sowieso das Amt.«

Als er sich wieder beruhigt hatte, stellte ich ihm eine andere Frage: »Ist Mike schon lange Single?« Aus astrologischer Sicht ist Geld mit Frau gleichgesetzt. Wenn man nicht mit Geld umgehen kann, weiß man meist nicht, wie man eine Frau schätzt oder mit einer Frau umgehen soll.

Der Freund bestätigte es mir mit den Worten: »So weit ich weiß, hat Mike noch nie eine Freundin gehabt. Vor ein paar Jahren lernte er eine Frau kennen. Zwei Tage später ist sie nach einer Flasche Wein mit einem anderen ins Bett gesprungen.«

Nach kurzem Zögern legte der Freund wieder los: »Zum Geburtstag möchten wir Mike einen Gutschein fürs Bordell schenken. Er muss mal etwas Spaß im Leben haben, doch Mike hat wohl von unserem Vorhaben Wind bekommen und ist streng dagegen, zu einer Professionellen zu gehen. Kann es vielleicht sein, dass Mike homosexuell veranlagt ist?«

»Nein, Mike ist nicht homosexuell«, gab ich ihm zu verstehen »Er ist nicht nur arm, er hat dazu noch den ‚Priester-Aspekt'. Ihm fehlt einfach der Wunsch oder das Verlangen nach Frauen. Selbst wenn er eine Frau kennenlernen würde, die Beziehung hätte keine Chance.«

Dann fragte ich weiter: »Lebt Mike bei seiner Mutter?« Denn Mike hat eine starke Bindung zur Mutter. Sie haben ein gutes Verhältnis miteinander. Im Moment hat Mike einen »Mutter-Aspekt« und dieser dauert zwanzig Jahre lang an.

»Kein Wunder«, meinte Mikes Freund. »Ich habe mich schon immer gefragt, warum ein dreißigjähriger Mann noch bei seiner Mutter wohnt. Er klebt wie eine Klette an ihr. Sie unternehmen Tag ein und aus etwas zusammen. Unvorstellbar, was passiert, wenn sie mal getrennt sind.«

Die Aufregung von unserem Freund konnte ich gut verstehen. Der arme Kerl musste jeden Tag auf Montage, am Ende des Monats hatte er nicht mehr Geld zur Verfügung als sein Freund Mike, der nichts tat. Wo bleibt noch die Motivation und Fairness für Arbeiter? Andererseits muss ich Mike auch ein wenig in Schutz nehmen. Mike hat sein Schicksal nicht selbst ausgesucht, er wurde so geprägt, er kann nicht anders.

Natürlich gibt es noch viele Leute, die in Armut leben, aber nicht faul sind. Sie verprassen auch nicht ihr Geld. Sie haben die Rolle der Armen eingenommen. Das dürften wir nicht vergessen.

Alles auf der Welt wird von einer höheren Macht durchgedacht. Sie sorgt dafür, dass die überwiegende Zahl der Menschen gerne zur Arbeit geht und nicht dem Staat auf der Tasche liegt.

Ein alter Mann

In der Nachbarschaft wohnt ein unscheinbarer älterer Mann, der meine Aufmerksamkeit erregt. Er ist klein, krumm, hat ein runzeliges Gesicht, und ein Lächeln hängt ihm immer auf den Lippen. Mir ist aufgefallen, dass er jeden Tag dieselbe graue Jacke anhat. Er läuft die Straße entlang und das mehrmals am Tag. Manchmal verschwindet er mehrere Wochen, dann erscheint er eines Tages wieder.

Hin und wieder begegnen wir uns auf der Straße, aber außer ein »Hallo« oder »Guten Tag« haben wir noch nie ernsthaft miteinander geredet.

Eines Morgens beobachtete ich durch mein Fenster, dass sich der Nachbar mit einer fremden Frau auf der Straße unterhielt. Die Frau war ungefähr 30 Jahre alt und hatte kurze und dunkle Haare. Sie ging auf den Mann zu und sprach ihn an. Daraufhin holte der alte Mann sein Geldbörse aus der Hosentasche heraus und zeigte der Frau den Inhalt. Die fremde Frau wühlte in seinem Portemonnaie und verschwand kurze Zeit später.

Plötzlich wurde ich hellwach und rannte aus meinem Haus. Der Mann stand noch da, mit einem Lächeln auf den Lippen. Ich fragte ihn: »Dürfte ich Sie etwas fragen? Kennen Sie diese Frau? Was will die junge Frau von Ihnen?«

»Ich kenne die Frau nicht«, erzählte mir der alte Herr. »Aber sie ist sehr nett, sie hat mich höflich gefragt, ob ich zwei Euro wechseln kann? Sie möchte sich ein Busticket kaufen, dafür braucht sie dringend Kleingeld.«

»Haben Sie es ihr gegeben?«, fragte ich weiter.

»Nein«, erwiderte er. »Ich habe kein kleines Geld bei mir. Ich habe nur vierzig Euro im Portemonnaie, einen zwanzig Euroschein und zwei zehn Euroscheine. Aber die junge Frau hat mir nicht geglaubt, deshalb zeigte ich ihr meine Brieftasche.«

»Seien Sie vorsichtig«, warnte ich ihn. »Gucken Sie mal nach, ob Ihr Geld noch da ist.« Im Moment passierten hier öfter Betrugsfälle in der Nachbarschaft. Immer wieder warnte die Polizei vor den Maschen, bei denen Betrüger unter einem Vorwand die älteren Leute beklauen.

»Ich bin sehr vorsichtig«, behauptete er. »Mein Geld ist noch da.«

Fünf Minuten später klingelte es an meiner Tür, da stand der alte Herr vor mir. »Sie haben recht«, sagte er. »Nach Ihren Worten bin ich doch skeptisch geworden und habe gleich in meinem Portemonnaie nachgeguckt. Es sind nur noch zehn Euro drin, dreißig Euro wurden mir geklaut.« Der alte Mann war sehr geschockt und erstaunt, wie das alles passieren konnte. »Diese Frau ist sehr raffiniert. Es muss passiert sein, als ich mein Portemonnaie zugemacht habe.« Er versuchte eine vernünftige Erklärung zu finden.

Es war aber zu spät, diese fremde Frau ausfindig zu machen. Um ihn zu trösten, lud ich ihn auf eine Tasse Tee ein. Selbstverständlich landeten wir bei dem Thema Astrologie. Aus beruflichem Instinkt wollte ich wissen, was für ein Typ er war.

Sein Name ist Günther, er wurde am 06. April 1929 um 6.45 Uhr geboren. Anhand seines Datums sieht man, dass er nicht nur anders tickt als ein »normaler« Mensch, sondern auch arm ist. Nach einem alten chinesischen Klischee ist er ein typischer »Bauer«, der immer auf dem Feld malocht und wenig Geld in der Tasche hat. Zum Glück verläuft bei ihm lebenslang eine gute Zeit, deswegen wird es ihm nicht sonderlich schlecht gehen.

Im Nachhinein erzählte mir Günther, dass er von Beruf Postbote war. Seit einigen Jahren bekam er Rente und genoss sein Leben.

»Aber am Ende des Monats ist immer Ebbe in deiner Tasche?« Ich stellte diese Frage, da er nicht mit Geld umgehen kann.

»Du hast recht«, antwortete Günther. Inzwischen duzten wir uns auch. »Ich brauche keine neue Kleidung, ich esse wenig, rauchen und trinken tue ich auch nicht, am Monatsende bin ich aber immer pleite.« Er schien stark nachzudenken, denn niemand zuvor hatte ihm solch eine Frage gestellt.

»Ich möchte nun auf ein anderes Thema eingehen, deshalb fragte ich: Aus astrologischer Sich bist du ein ewiger Junggeselle, aber in den 80er Jahren hast du viele Chancen gehabt, Frauen kennenzulernen; warum haben sich die Frauen von dir abgewendet?« Natürlich kannte ich die Antwort gut, aber seine Ansicht darüber interessierte mich auch.

»Alle Frauen sagen, dass ich bekloppt bin.« Günther nahm es mit Humor.

»Mit Ende der achtziger Jahre tendierst du zu Magenbeschwerden oder zu einer Zuckerkrankheit, hast du alles im Griff?«, fragte ich ihn besorgt.

»Ja«, entgegnete Günther. »1989 sind meine Mutter und meine Schwester an Diabetes gestorben. Ich musste auch ein halbes Jahr lang im Krankhaus verweilen.«

Wir unterhielten uns noch über ein paar andere Themen, Günther schien die Unterhaltung mit mir zu genießen und die Sorge um seinen Geldverlust schien auch Schnee von gestern zu sein.

Ein paar Wochen später stand Günther eines Tages wieder vor mir. Dieses Mal hatte er ein paar getrocknete Blätter in der Hand und wollte sie mir aus lauter Dankbarkeit schenken.

Diese Blätter sprachen mich nicht an, aber aus reiner Höflichkeit und guten Absichten nahm ich sie dankend entgegen.

Günther erzählte mir, dass er ein leidenschaftlicher Blättersammler sei, denn Blätter bringen Glück. Jeden Herbst, bei Wind und Wetter, geht er in den Wald, um verschiedene Blätter zu sammeln. Es reicht ihm nicht nur in der Umgebung zu suchen, manchmal nimmt er einen langen Weg in Kauf, nur um seine Lieblingsblätter zu finden. Eine Übernachtung in einem Hotel ist keine Seltenheit.

»Das nächste Mal bringe ich dir eine Flasche Heilwasser mit«, sagte Günther mit einem breiten Lächeln. In Wirklichkeit ist er nicht nur ein leidenschaftlicher Blättersammler, sondern auch ein Heilwasserfanatiker. Jedes Jahr sucht er einen Kurort auf und fährt mehrere Wochen dorthin, um das Heilwasser zu genießen.

Es liegt auf der Hand, warum Günther am Ende des Monats immer pleite ist.

Beförderung

Im alten China waren Macht und Geld gleich wichtig, denn Macht bedeutet Reichtum und Wohlstand. Die beiden stehen in einem direkten Verhältnis und sind miteinander verbunden. Je mehr Macht man hatte, desto mehr Ansehen und Reichtum hatte man.

Macht bedeutet auch Pflichten, Disziplin und Verantwortung. Nicht jeder ist der Macht gewachsen. Es ist unmöglich, dass alle im Leben Chef, Direktor oder Offizier werden können.

Die Verteilung der Macht ist auch vorherbestimmt. Manche streben unermüdlich nach Macht und erlangen sie auch. Sie werden immer wieder befördert und können ihre Position gut verteidigen. Es gibt Leute, die sich um eine höhere Position bemühen, aber nie auf einen grünen Zweig kommen; oder es gelang ihnen die Beförderung, aber im Lauf der Zeit erlitten sie immer wieder Rückschläge. Manche klettern schnell die Karriereleiter hoch und fallen kurz danach jedoch wie eine heiße Kartoffel wieder sehr tief. Es gibt aber auch genug Leute, die das Wort »Macht« verabscheuen und verachten. Sie wünschen sich ein Leben ohne Verpflichtungen oder Beschränkungen und wollen so frei wie ein Vogel sein.

All das steht selbstverständlich in unserem Geburtsdatum geschrieben. Um Umwege und böse Überraschungen zu vermeiden, sollte man sich, meiner Meinung nach, einen Überblick über sein eigenes Schicksal verschaffen und sein persönliches Horoskop berechnen lassen.

Seine Ellbogen gebrauchen

Vor ein paar Jahren zog eine nette Familie in ein neu saniertes Haus in unserer Nachbarschaft ein. Ab und zu traf ich die Familie im Supermarkt oder auf der Kirmes und wir grüßten uns lächelnd. Sowohl der Mann als auch die Frau trugen eine Brille. Die Frau hatte braune Haare und sah ziemlich gewöhnlich aus. Sie kleidete sich auch sehr schlicht. Der Mann dagegen war sehr attraktiv und anziehend. Er hatte immer einen Anzug an und seine blauen Augen hinter der Brille schienen unergründlich.

Eines Tages im Frühling 2005 suchte das Ehepaar mich auf. Sie hatten durch die Nachbarschaft erfahren, dass ich Astrologin bin. Sie wollten nun etwas über ihre Zukunft erfahren. Schon Jahre lang arbeitet der Mann bei einem großen Konzern. Bald sei der Chefposten in der Firma frei. Das Pärchen machte sich große Sorgen und wollte wissen, ob der Mann die Chance habe, befördert zu werden. In der Familie herrschte Unruhe, da sie unter Geldnot litt. Keiner konnte deswegen mehr ein Auge zutun.

Der Mann wurde am 20. Mai 1963 um 2.30 Uhr geboren. Nach der Fertigstellung seines Horoskopes sagte ich zu ihnen: »In den letzten Jahren hattet ihr eine finanzielle Durststrecke. Ihr seid immer knapp bei Kasse.« Kaum hatte ich mein Wort zu Ende gesprochen, da fiel mir die Frau ins Wort: »Wir haben uns ein Haus gekauft und das Gehalt meines Mannes reicht gerade einmal, um den Kredit zu zahlen. Wir müssen jeden Cent zwei Mal umdrehen. Meine beiden Kinder brauchen im Moment ein paar neue Schuhe. Doch selbst das können wir uns nicht einmal mehr leisten.«

Daraufhin fragte ich den Mann: »Bist du öfter einmal unterwegs?«

»Ja, Ja«, antwortete die Frau für ihren Gatten. »Er ist selten zu Hause und seine Kunden sind europaweit verstreut. Er muss immer dahin fahren, wo es gerade brennt. Letzte Woche war er geschäftlich in Frankfurt unterwegs. Dort besuchte er nebenbei noch eine Wahrsagerin, die meinem Mann bei der Frage der Beförderung helfen sollte, aber er bekam keine konkrete Antwort von ihr. Deswegen sind wir heute hier.«

»Macht euch keine Sorgen«, beruhigte ich die beiden. Mein Blick richtete sich auf den Mann: »Du bist ein geborener Chef. Schon dein ganzes Leben strebst du nach Macht und eine führende Position. Du bist eine Kämpfernatur und spielst in der Firma immer die erste Geige.« Ich merkte, dass der Mann sich sehr stark konzentrierte auf das, was ich erzählte, und dabei nickte. Ich sagte weiter: »Um befördert zu werden, ist dir jedes Mittel recht. Du würdest sogar deine Ellbogen verwenden, um ans Ziel zu gelangen.«

»Hahaha«, lachte der Mann. »Ich würde für diesen Posten über Leichen gehen.«

Gerade überlegte ich, ob meine Wortwahl zu hart war, doch er packte eine Schippe drauf.

Nun meldete ich mich wieder zu Wort: »Dieses Jahr stehst du an einem Wendepunkt deiner Karriere. Du wirst auf jeden Fall befördert. Es wird gegen Herbst geschehen.«

»Juhu!«, schrie seine Frau. »Da können wir endlich wieder aufatmen.«

Im Herbst wurde der Mann befördert. Problemlos übernahm er den Chefposten. Ein Jahr später besuchte er mich wieder und bedankte sich bei mir persönlich.

Er kam aber ursprünglich wegen eines anderen Themas. Einer seiner Mitarbeiter, mit dem er früher befreundet war, machte zurzeit in der Firma Probleme und stiftete Unruhe. Er wollte ihn aus dem Weg räumen. Nun wollte er wissen, ob es unter einem guten Stern steht für diesen Rausschmiss.

Egal, was ich zu ihm sagen würde, er würde dem armen Kerl sowieso kündigen. Niemand konnte seine Überzeugung noch ins

Wanken bringen. Sein Horoskop zeigte auch, dass er eiskalt und rücksichtslos sein konnte. Er war ein Mensch, der keinen Widerstand duldete.

Christoph

Ende 2009. Eines Tages kam ein älterer Herr namens Christoph zu mir. Vor ein paar Monaten war seine Frau unerwartet im Schlaf gestorben. Das Ganze war vollkommen unvorhersehbar. Christoph konnte die Realität nur schwer verstehen oder akzeptieren.

Der Arzt konnte die Todesursache auch nicht feststellen. Das plagte ihn zutiefst. Christoph wollte endlich wissen, woran seine »quicklebendige« Frau gestorben war. Durch einen Bekannten war er auf mich gestoßen. Kurz danach rief er mich an und machte mit mir einen unverbindlichen Termin aus.

Zu der verabredeten Zeit kam Christoph pünktlich. Er war mittelgroß und ging auf die Siebzig zu. Kurz nachdem er Platz genommen hat, fing er an sich zu beklagen: »Meine Frau und ich fliegen jedes Jahr nach Italien. Am 23. Juni dieses Jahres wollten wir wieder einmal Deutschland für zwei Wochen den Rücken kehren. Einen Tag, bevor wir verreisen wollten, haben wir unseren Koffer gepackt und uns auf die Fahrt dementsprechend vorbereitet. Wir sind diesmal zeitiger ins Bett gegangen. Am nächsten Morgen ist meine Frau nicht wie üblich aufgestanden. Ich versuchte, sie aufzuwecken und rüttelte sie, doch ich merkte, dass ihre Hand eiskalt war. Sie wachte nie mehr auf.«

Seine Augen waren leicht gerötet und seine Stimme war voller Traurigkeit.

Er fuhr fort: »Der Notarzt stellte dann fest, dass sie vor ein paar Stunden bereits gestorben war. Die Todesursache war bei ihr schwer festzustellen.«

Ich erklärte Christoph auf, dass ich leider nicht hellsehen kann. Über den Tod sage ich auch nichts. Ich bräuchte nämlich das Geburtsdatum, um die Tendenzen zu zeigen und die Schwachpunkte dadurch zu berechnen.

»Überhaupt kein Problem«, sagte Christoph. »Ich bin schon froh, dass du mit mir darüber sprechen möchtest. Außerdem machst du das unentgeltlich. Ich kann dir dafür nicht genug danken.«

Seine verstorbene Frau ist dem Erde-Element zu zuordnen. Seit Juni 2009 geht es vielen Erde-Menschen nicht gut.

Ich sagte zu ihm: »Deine Frau musste eine schlimme Frauenkrankheit gehabt haben. Dazu hatte sie noch Problem mit ihren Nieren und wurde öfter von Albträumen geplagt.«

Das bestätigte Christoph mit einem Nicken.

Anhand von chinesischer Astrologie hatte seine Frau kaum das Element Wasser. Dadurch wurde das Element Holz schwer geschwächt. Das Gehirn war diesem Element (Holz) nun zugeordnet. Daraus schloss ich, dass seine Frau höchstwahrscheinlich an einem Schlaganfall gestorben war.

Nachdem ich ihm das erklärt hatte, sprach er: »Das hat auch der Arzt vermutet.« Zwar hatte er von dem Fachchinesisch nicht alles verstanden, doch wie schon vorher erwähnt, war er froh, dass ich seine Frau näher beschreiben und dass er überhaupt mit jemand darüber sprechen konnte.

Danach habe ich für ihn ebenfalls in die Sterne geschaut. Zum einen wollte ich dem älteren und traurigen Herrn Trost spenden, zum anderen war ich neugierig geworden und wollte ein bisschen in seiner Vergangenheit herumwühlen.

Christoph wurde am 11. Dezember 1938 um 18.00 Uhr geboren. Nach einem kurzen Blick auf sein Horoskop wollte ich wissen, ob er früher als Beamter gearbeitet hatte.

Er gab mir zur Antwort: »Ja, ich habe früher beim Finanzministerium gearbeitet. Damals habe ich als Lehrling nur 230 DM verdient. Meine Schulkameraden dagegen haben sich die großen Unternehmen (Siemens, Thyssen Krupp) ausgesucht. Deren Lehrlingsgehalt lag bei 460 DM. Jedes Mal, wenn wir uns trafen, fragten mich meine Schulkameraden, ob ich das Gelübde der ewigen

Armut sei. Ein paar Jahre später haben wir uns wieder getroffen. Als meine Freunde erfahren haben, dass mein Gehalt bei 6000 Mark lag, waren sie baff.« Christoph redete dabei wie ein Wasserfall. Er schien wohl darauf sehr stolz zu sein.

Ich fragte Christoph nun: »Was ist im Jahr 1963 vorgefallen? Theoretisch müsstest du Ärger mit den Behörden gehabt haben.«

»Ich wurde mit Alkohol am Steuer erwischt und bin deswegen verurteilt worden«, entgegnete er. Nun wollte er wissen, ob ich wüsste, was 1979 mit ihm passiert war.

»Im Jahr 1979 gibt es aus astrologischer Sicht einen Trennungsaspekt. Es besteht die Wahrscheinlichkeit, dass du von deinem Vater bzw. deiner Frau verlassen wurdest«, sagte ich ganz neutral.

»Ja, mein Vater ist in diesem Jahr gestorben und meine Frau wollte sich von mir scheiden lassen. Da ich sehr stark an meiner Frau hing, kam diese Scheidung nicht in Frage.«

Christoph wunderte sich, was ich alles »sehen« konnte.

»Wurdest du 1980 befördert?«, erkundigte ich mich.

»In diesem Jahr bin ich zur Staatsanwaltschaft gegangen«, entgegnete er. »Ich habe gegen den Drogenhandel gekämpft. Es hat drei Jahre gedauert.«

Nun hakte ich weiter nach: »Wurdest du auch im Jahr 1993 befördert?«

Jetzt lächelte er anerkennend und sprach: »Ich wurde zum hohen Rat befördert.«

Zum Schluss war er so zufrieden mit meiner Beratung, dass er mir eine Wanduhr aus Holz schenken wollte. Er hatte daran stundenlang gebastelt.

Ich lehnte dankend ab, da es nach dem chinesischen Glauben Unglück bringen würde, jemandem eine Wanduhr zu schenken.

Um ihn nicht zu enttäuschen, kaufte ich ihm die Uhr für ein paar Euro ab.

Die Konkurrenz siegt

Vor ein paar Jahren lernte ich einen Mann namens Wolfgang in einer Abendschule kennen. Wolfgang interessierte sich sehr für asiatische Kultur und Kunst. Nachdem wir uns ein paar Mal gesehen hatten, fing er eines Abends an, mir seine Taekwondo-Technik zu zeigen. Zuerst atmete er tief durch, dann ging er leicht in die Hocke, hob seine Arme und bewegte sich langsam; allerdings sah er lustig aus. Ich war leicht irritiert und fand ihn als Person sehr interessant.

Später erfuhr ich, dass Wolfgang Professor in einer hohen Position ist. Trotzdem ist er sehr bescheiden und bodenständig. Er ist massig, trägt ab und zu eine Brille. Wenn er lacht, muss ich an einen lachenden Buddha denken. Sein Lächeln vermittelt mir den Eindruck, dass er im Leben noch nie großartig Sorgen gehabt hat. Wolfgang ist sehr warmherzig, aber auch vertrauensselig, manchmal glaube ich, dass seine Gutmütigkeit an Naivität grenzt. Er hat eine ungewöhnliche Art, die mich unsicher macht, vielleicht liegt es daran, dass er ein hoch studierter Professor ist. Ich vermute, dass seine astrologische Konstellation von den Elementen Erde und Wasser dominiert wird, dadurch wirkt er manchmal konfus, unklar, sogar eigenartig.

Aber das alles spielt keine große Rolle. Das macht ihn nun sympathischer. Solche Leute werden meistens von einer Schutzenergie unter die Fittiche genommen und sie werden im Leben öfter Glück erfahren.

Eines Tages im Januar 2014 rief Wolfgang mich an, er fragte mich am Telefon, ob er eine astrologische Beratung von mir bekommen könne. Als Professor glaubte er eigentlich nicht an die Dinge, die mit Esoterik zu tun haben, aber momentan befand er sich in einer Sackgasse.

Es ging um eine Beförderung. Seit acht Monaten wartete er schon auf ein Feedback, ob seine Beförderung genehmigt werden würde. Es passierte aber einfach nichts. Seine Nerven und Geduld lagen blank. Er wollte wissen, woran es im Moment lag.

Wolfgang wurde am 11. Mai 1959 um 6.08 Uhr geboren. Meine Vermutung hatte sich bewahrheitet. Er hat tatsächlich viele Wasser-und-Erde-Elemente in seinem Geburtshoroskop. Für viele Menschen wirkt er manchmal unnormal und gedankenlos. Glücklicherweise durchlief sein Leben in den letzten zwanzig Jahren eine gute Phase. Beförderungen und mehrere Gehaltserhöhungen klopften öfters an seine Tür.

Zehn Minuten später rief mich Wolfgang wieder an, seine Nervosität und Unsicherheit waren deutlich zu spüren. Zunächst stellte ich ihm ein paar Fragen über seine Eltern: »Zu deinem Vater hattest du leider kein gutes Verhältnis. Ihm ging es gesundheitlich auch nicht gut.«

»Korrekt«, entgegnete Wolfgang. »Mein Vater war sehr dominant und hysterisch. Er ist an einem Gehirntumor gestorben.«

»Du bist ein absolutes Mamakind«, sagte ich. »Darunter leidet deine Frau sehr stark.«

Wolfgang bestätigte es mit einem Ja. »Das Hauptstreitthema zwischen meiner Frau und mir ist meine Mutter.« Er war sehr offen auf meine Frage. Im Nachhinein bestätigte mir Wolfgang, dass es ihm in den vergangenen 20 Jahren sehr gut ging. Er war so weit sehr zufrieden mit seinem Leben.

Aber ab dem Jahr 2012 lief das Leben bei ihm nicht mehr so rund. Sein Geburtshoroskop wies darauf hin, dass die »Energie der Macht«, die ihn vorgegeben hat, eindeutig mit seiner Konkurrenz harmonisiert und ihn bevorzugt. Besonders im Jahr 2014 kommt diese »Konkurrenz-Energie« zum Vorschein und lauert auf seinen Posten. Allem Anschein nach hat der andere eine bessere Chance auf eine Beförderung als er selbst. Ich wies Wolfgang darauf hin, dass sein Konkurrent diese gewünschte Stelle bekommen würde.

Wolfgang war gar nicht so überrascht über meine Aussage, denn seit einiger Zeit wusste er schon, dass eine Frau für diese Stelle auch in Frage kam. »Am Anfang war ich der einzige geeignete Kandidat für diesen Posten, seit kurzem kam aber eine Frau ins Spiel. Meine Bauchgefühl sagt, dass die Kollegin diese Stelle bekommen wird«, erzählte er mir.

Wolfgang wollte es von mir bestätigt bekommen, dadurch konnte er sich besser orientieren und ein neues Ziel suchen. Nach meiner Aussage fühlte er sich erlöst und gelassen, er würde sich auf seinen nächsten Schritt vorbereiten.

Ein paar Monate später rief mich Wolfgang an, er hatte diese Stelle nicht bekommen. Aber ein neuer Posten war in Aussicht, er würde sich darum bemühen.

Lotto

Wer wünscht sich nicht, eines Tages eine große Summe Geld im Lotto zu gewinnen und ein sorgloses Leben zu führen? Doch es bleibt für die meisten nur ein Wunschdenken und eine Traumtänzerei, denn ein Sechser im Lotto ist eine Rarität. Nur wenige haben dieses »Gen« in sich, nur wenige kennen dieses Glück.

Von einem Kollegen kenne ich eine kleine Geschichte, die uns einen Blick darauf gewährt, wie das Gesetz des Universums in punkto Geld und Reichtum funktioniert: Ein Mr. Wu ist ein Angestellter in einem großen Unternehmen. Er ist bei allen beliebt. Von den ganzen Wohlfahrtsaktivitäten und Gewinnspielen, die die Firma veranstaltet, hat er unglücklicherweise noch nie etwas gewonnen. Alle haben Mitleid mit ihm. Eines Tages hat sein Chef eine brillante Idee. Er holt alle seine Karten aus seinem Portemonnaie und legt sie vor Mr. Wu auf den Tisch. Der Chef schlägt vor, dass die Karte, die Mr. Wu mit verbundenen Augen erwischt, auch ihm gehört. Dazwischen waren schwarze Bankkarten, Golfclubkarten und Gutscheinkarten in Höhe einer sechsstelligen Summe. Von den unzähligen Karten hat Mr. Wu ausgerechnet die Parkhauskarte gezogen.

Mit dieser Geschichte möchte ich ausdrücken, dass alles, was einem gehört, nicht von ihm weglaufen kann, und alles, was einem nicht gehört, hält Gott von ihm fern. Es gibt sehr viele Leute, die niemals im Lotto gewinnen können, weil sie nur durch und mit viel Schweiß zu Geld kommen können.

Die Definition vom Lottogewinn hat eine weite Bandbreite im Bazi Suanming. Dazu gehört die Versicherungsauszahlung, das Erbe oder Geschenke. Also alles, was nicht durch die eigene Arbeit erlangt worden ist, heißt Lottogewinn.

Ich habe ebenfalls kein Glück, irgendwann mal eine große Summe im Lotto zu gewinnen, deshalb spiele ich kaum. Mit der Zeit stelle ich fest: Wenn ich an bestimmten Tagen, Stunden und Minuten das »Glück im Lotto« habe, dann kommen von irgendwo eine kleine Summe her. Um es zu bestätigen und das Glück zu maximieren, war ich ausnahmsweise ein paar Mal im Kasino, um diesen Moment auszukosten. Teilweise habe ich einen kleinen Betrag gewonnen, doch sobald diese Glücksphase vorbei war und ich weiterspielte, geriet ich schnell in die Verlustzone. Das ganze vorher erspielte Geld war für die Katz.

Es gibt auch Leute, die jede Woche spielen und das jahrelang, aber noch nie etwas gewonnen haben. Das summiert sich alles und am Ende hat man einem Batzen Geld in den Sand gesetzt. Dazu sag ich nur: Nicht spielen ist auch ein Gewinn.

Ein Lottomillionär

Ende 2010 habe ich mitbekommen, dass ein Bekannter vor einigen Jahren drei Millionen Euro im Lotto gewonnen hat. Der Bekannte ist ein Duz-Freund meines Mannes. Ab und zu telefonieren sie miteinander, aber von dem Gewinn haben wir bis jetzt noch nie etwas gehört.

Sein Name ist Frank. Dass er im Lotto gewonnen hat, weiß niemand außer zwei, drei nahen Verwandten. Sie haben einen Teil des Geldes bekommen, den Rest hat Frank vernünftigerweise auf einem Bankkonto angelegt. Er wirkt sehr zufrieden mit seinem Leben, deswegen geht er weiterhin arbeiten und tut so, als ob nichts geschehen wäre. Er möchte, dass das nicht weiter öffentlich wird, damit er sein altes Leben weiterführen kann. Aber es gibt auf der Welt keine Wand, die undurchlässig ist, sagt ein chinesisches Sprichwort. Als einer seiner Kumpels von dieser Geschichte Wind bekam, erzählte er das überall herum.

Viele Bücher habe ich schon über Lottogewinner gelesen und ihr Datum studiert, aber im wirklichen Leben ist mir noch nie ein Lottomillionär begegnet.

Eines Tages rief mein Mann Frank an und fragte nach seinem genauen Geburtsdatum. Ich wollte wissen, wie die astrologische Konstellation eines echten Lottomillionärs ausschaut.

Frank wurde am 17. Mai 1962 um 14.00 Uhr geboren. Nachdem ich sein Geburtsdatum bekam, fing ich an, es zu berechnen. Mir sprang gleich sein »Lotto-Gewinn-Aspekt« ins Auge. Frank hatte im Leben die Riesenchance, eine große Summe Geld zu bekommen. Besonders im Jahre 2003 hatte er das Glück, einen Batzen Geld zu gewinnen. Es musste also in diesem Jahr gewesen sein, dass er den Jackpot geknackt hat.

Bevor mein Mann Frank zurückrief, um mir das bestätigen zu lassen, fragte ich ihn noch schnell, ob Frank oft zur Flasche greift.

»Mehr als oft«, erwiderte mein Mann. »Damals, als Frank bei uns zu Gast war, saßen wir zusammen in der Küche. Während ich ein Glas Bier getrunken habe, hat er mehrere Gläser Wasser zu sich genommen. Ich habe mich ziemlich gewundert. Zum Schluss stellte es sich heraus, dass das kein Wasser, sondern hochprozentiger Schnaps war.«

Dann erzählte er mir noch eine interessante Geschichte. »Vor einiger Zeit hat Frank eine Reise für zwei Wochen nach Kuba gebucht. Nach seiner Rückreise fragte man ihn, was er aus Kuba mitgenommen und welchen Eindruck er von diesem Ort hat. Auf diese Frage konnte Frank nicht antworten, denn er kannte nur den Weg vom Hotel zum Strand. Jeden Tag war er dort blau und hat von dem Land nicht viel mitbekommen«, sprach mein Mann.

Ich konnte anhand seines Datums sehen, dass Franks Gesundheitszustand nicht so rosig ist. Besonders 2010 und 2011 sind kritische Jahre für ihn. Eine kleine Warnung von mir konnte also nicht schaden.

In dem folgenden Telefonat zwischen meinem Mann und Frank bestätigte er meine Aussagen. Frank hatte 2003 im Lotto gewonnen. Er liebte seinen Job und fuhr jeden Tag pünktlich zur Arbeit, denn er konnte sich nicht vorstellen, dass er nichts tuend auf dem Sofa herumliegt und unnötig Geld ausgibt. Apropos Gesundheit, er hatte 2010 zwei Herzinfarkte. Aber was noch schlimmer war, die Krankenschwester hatte ihm die falschen Medikamente gegeben und es hätte ihm fast sein Leben gekostet.

Diese Geschichte bekräftigt meine Überzeugung, dass Geld an sich ganz schön und gut, aber nicht alles auf der Welt ist. Was nutzt Geld, wenn man vor einem schlechten Schicksal nicht geschützt ist?

Weißnicht

2007 war ich einmal zu einer Party eingeladen. Dort lernte ich jemanden kennen, der pausenlos über seine Las-Vegas-Reise redete und darüber schwärmte. Er erzählte mir, dass er nahezu jedes Jahr nach Amerika fliegt und in Las Vegas sein Glück sucht. Enttäuscht wurde er noch nie. Jedes Mal kehrte er mit einem kleinen Gewinn zurück.

Das machte mich neugierig. Höflich fragte ich ihn nach seinem Geburtsdatum. Er wurde am 09. April 1949 um 9.00 Uhr geboren. Es stellte sich heraus, dass er, so wie andere Lottomillionäre, auch den »Lotto-Gewinn-Aspekt« hatte. Besonders im Jahr 2005 hatte er eine große Lottogewinnchance. Daraufhin fragte ich, ob er im Jahr 2005 eine größere Summe im Lotto gewonnen habe.

»Nein, erst im Jahr 2006«, erwiderte er.

»Aber im Januar 2006«, hakte ich nach. Ich suchte zwei Tage aus, an denen er große Chance hätte, zu gewinnen.

»Absolut richtig, da habe ich 540.000 Euro im Lotto gewonnen.«

Anhand des chinesischen Kalenders beginnt das Jahr meistens erst im Februar. In solch einem Jahr kann keiner seinem Glück entgehen, man wird mehr oder weniger von seinem Schicksal belohnt.

Es gibt leider auch Leute, die gar keinen »Lotto-Gewinn-Aspekt« oder sogar gar keinen »Geld-Aspekt« haben; infolgedessen sollten sie nicht Lotto spielen oder ins Kasino gehen, weil es nichts bringt und alles ein Schlag ins Wasser ist.

Spätherbst 2002. Am Frankfurter Flughafen lernte ich jemanden aus Dortmund kennen, der »Weißnicht« heißt. Er war auf dem Weg nach Thailand. Er erzählte mir, dass er jedes Jahr nach Thailand fliegt, um dort zu tauchen und seinen Urlaub zu verbringen.

Sein Name »Weißnicht« klingt so einzigartig, dass ich ihn ein paar Mal wiederholte. Um seine Worte glaubwürdig zu machen, zeigte er mir seinen Ausweis, auf dem der Name Weißnicht stand. Er erzählte mir, dass es nicht so viele Weißnicht auf der Welt gebe und er deswegen sehr stolz auf seinem Namen sei.

Um die Zeit totzuschlagen und um mich nicht zu langweilen, fing ich an, mit ihm zu plaudern und über das Leben zu philosophieren. Damals hatte ich gerade mit der Astrologie angefangen, ich nutzte jede Gelegenheit, um in diesem Fach vorwärts zu kommen. Weißnicht war ein erfahrener Mann im hohen Alter, man konnte von ihm sehr viel lernen.

Er wurde am 15. April 1927 um 12.00 Uhr mittags geboren. Das erste, was mir auffiel, war, dass die Chemie zwischen ihm und den Frauen nicht stimmte, denn er hatte in seinem Geburtshoroskop gar keine Zeichen, welche die Frauen symbolisieren. Daraufhin antwortete Weißnicht, dass er sein Leben lang Junggeselle war. Früher wollte er schon eine Familie gründen und Kinder um sich haben, doch mit zunehmendem Alter hatte er den Gedanken zu heiraten aufgegeben und genoss sein Singledasein.

Der Astrologie zufolge wird normalerweise die Frau mit Geld gleichgesetzt. Wer keine Frau hat, hat meistens auch kein Glück in Geldangelegenheiten. Solch ein Mensch sollte sowohl auf Selbstständigkeit als auch aufs Lottospielen verzichten.

Daraufhin antwortete Weißnicht, dass er sein Leben lang bei einem großen Unternehmen fest angestellt sei. Er hatte nie den Wunsch, sich selbstständig zu machen. Aber er war ein leidenschaftlicher Spieler. Seit 45 Jahren spielte er schon Lotto, um eines Tages reich zu werden.

»In diesen 45 Jahren hast du noch nie etwas gewonnen, oder?«, fragte ich ihn.

»Nein, ich habe noch nie etwas gewonnen«, erwiderte Weißnicht verwundert.

»Das liegt daran, dass du nicht im Lotto gewinnen kannst.« Ich war sehr offen und direkt zu Weißnicht. Es tut schon weh, wenn man zurückdenkt, was für einen Batzen Geld man sinnlos in den Sand gesetzt hat.

»Oh, das weiß ich nicht«, murmelte er. »Ich habe 45 Jahre lang gespielt, außer gelegentlich mal zehn oder zwanzig Euro habe ich noch nie eine große Summe gewonnen. Wenn ich die Jahre zusammenrechne, was ich insgesamt ausgegeben habe, hätte ich schon eine kleine Eigentumswohnung gehabt.«

»Nächstes Jahr (2003) hast du aber die Chance, eine kleine Summe zu gewinnen«, versuchte ich ihn etwas aufzumuntern.

Im Sommer 2003 stand eines Tages Weißnicht mit einem Strauß Blumen in der Hand vor meiner Tür. Er erzählte mir, dass er eine Woche zuvor, nach jahrelangem Spielen, endlich 360 Euro im Lotto gewonnen hat. Als Dankeschön hatte er einen Strauß Blumen für mich gekauft.

Spielsucht

Ende 2013 lernte ich einmal einen Skeptiker kennen. Er behauptete: »Als Wissenschaftler glaube ich nur an das, was ich sehe, höre, rieche und taste. Alles andere existiert für mich nicht.«

Ich stellte ihm seelenruhig eine Frage: »Liebst du deine Frau?«

»Natürlich liebe ich meine Frau«, entgegnete er. Bestimmt dachte er, was das für eine eigenartige Frage ist.

»Man kann die Liebe zu deiner Frau aber nicht sehen, hören, riechen und tasten; laut deiner Theorie existiert die Liebe dann nicht.« Ich schaute ihn direkt an und wartete auf eine plausible Erklärung des Wissenschaftlers.

Er wirkte verwirrt und kommentierte meine Aussage nicht weiter. Kein Wunder, in seinem Horoskop ist genügend Pianyinenergie vorhanden, die seine Gedankengänge steuert und es ihm erschwert, eine objektive Sichtweise zu erlangen.

Es gibt viele Dinge auf der Welt, die wir mit unserem rationalen Verständnis nicht begreifen können. Das menschliche Gehirn ist sehr beschränkt, dass wir vieles nicht wahrnehmen und verstehen können. Das heißt aber nicht, dass die Dinge, die wir nicht sehen, auch nicht existieren.

Vor ein paar hundert Jahren, als Galileo feststellte, dass die Erde eine Kugel ist, hat man ihm nicht geglaubt, man hat ihn damals sogar als verrückt eingestuft. Aber die Erde bleibt trotzdem rund, ob der Gegner das glaubt oder nicht. Es macht mir Spaß, mich mit einem Skeptiker zu unterhalten und ihn Stück für Stück zu überzeugen.

Sein Name war Josef. Er wurde am 24. März 1959 um 15.45 Uhr geboren. Daraus sah ich, dass er ein rationaler Mensch war. Er war skeptisch gegenüber allen mystischen und esoterischen Dingen.

Josef gehört dem Wasser-Element an. Meine folgende Frage klang zwar ein bisschen merkwürdig, die Antwort sollte aber sehr aufschlussreich sein. Es ging um die Menschen mit einem ungleichen Wasser-Element: »Du guckst gerne Horrorfilme?«

»Oh, und wie«, antwortete er. »Ich liebe Horrorfilme. Samstags Abend sehe ich mir immer einen Horrorfilm an.«

»Du leidest an Höhenangst oder Flugangst.« Ich machte weiter mit meiner »Diagnose«.

»Aber früher war es nicht so«, sagte Josef. »Mit zunehmendem Alter wird es immer schlimmer. Auf dem Weg zu meiner Arbeit gibt es eine kleine Brücke. Um sie zu vermeiden, muss ich immer einen Umweg in Kauf nehmen. Fliegen tue ich nicht gern, ich würde so gerne Asien sehen.«

Josef wunderte sich, was ich alles »sehen« kann, aber er fühlte sich ein bisschen unwohl, als er seine Angst vor einer Frau zugab.

»Gib mehr acht auf deine finanziellen Angelegenheiten, weil du in diesen zwei Jahren die Gefahr hast, Geld zu verlieren. Außerdem sollst du Streit mit deiner Frau aus dem Weg gehen, weil der Streit schnell eskalieren kann.« Ich gab ihm eine kleine Warnung.

»Du hast recht«, entgegnete Josef. »Dieses Jahr habe ich schon einen wichtigen Kunden verloren, der monatlich über 1000 Euro für mich bringt; und Januar 2014 muss ich eine Lohnkürzung hinnehmen, der keiner in der Firma entgehen kann.« Josef war mir gegenüber sehr offen geworden. »Seit einiger Zeit streite ich mich andauernd mit meiner Frau, steht es alles in meinen Sternen?!«

Was mich ein bisschen beunruhigte, war, dass Josef eine »Spiel-Sucht-Gefahr« hatte, darauf sprach ich ihn an: »Gehst du manchmal ins Kasino, um ums Geld zu spielen?«

»Nein, an solche Orte gehe ich nicht«, erwiderte Josef resolut.

»Aber du spielst gern Lotto.« Ich ließ nicht locker.

»Oh, ja«, sagte Josef voller Begeisterung. »Ich gebe jeden Monat 300 bis 400 Euro aus für Lottospiele, ich bin schon seit 25 Jahren dabei.« Seine Augen lachten, als er über Lotto sprach.

»Aber du hast kaum eine Lottogewinnchance«, sagte ich ihm ins Gesicht. In diesem Punkt war ich sehr direkt und schonungslos.

»Wie kannst du das wissen?« Josef stellte sich stur.

»Hast du in diesen 25 Jahren überhaupt etwas gewonnen?«, stellte ich ihm eine Gegenfrage.

»Nie«, erwiderte er. »Bis auf ein paar Euro ab und zu, sonst habe ich noch nie was gewonnen.«

»Ist dir nicht in den Sinn gekommen, dass du niemals im Lotto gewinnen kannst.« Ich verabreichte ihm eine kalte Dusche und wollte ihn damit wachrütteln.

»Nein«, erwiderte Josef. »An so etwas denke ich gar nicht. Jeden Morgen, bevor ich aufstehe, leuchten die glänzenden Geldscheine vor meinen Augen. Der Gedanke, dass ich Lotto gespielt habe und der nächste Lottomillionär wäre, macht mich sehr glücklich und bereitet mir unendlich Freude.«

Ah, da spielte die Musik. Ich wunderte mich über die Denkweise der Spielsüchtigen. »Tut es dir nicht weh, dass du so viel Geld für das Lottospiel ausgibst und das Geld nie wieder zurückbekommst?«, fragte ich nach. Sein Verhalten konnte man nur schwer verstehen.

»Gar nicht«, sagte Josef. »Ich kann es mir leisten.«

Aber nicht mehr lange, dachte ich, wenn er weiter so leichtsinnig mit Geld umgeht und das Geld aus dem Fenster wirft, wird eines Tages ein bitteres Erwachen folgen.

Anfang 2014 rief mich Josef an, er musste in kurzer Zeit zwei Mal eine Lohnkürzung in Kauf nehmen. Es wäre sehr schwer für einen Mann in seinem Alter, noch einen neuen Job zu finden. Was Josef noch mehr fürchtete, war die Ankündigung vom Chef, dass Ende 2014 die Hälfte der Mitarbeiter entlassen werden würden, der Gedanke war sehr beunruhigend, dass auch er einer davon sein könnte.

Statt sich um seine Zukunft Gedanken zu machen, fragte Josef mich am Telefon, ob ich ihm sechs Lottozahlen geben könne. »Demnächst gibt es in der Lotterie 50 Millionen Euro zu gewinnen. Wenn ich mit deinen Zahlen gewinnen würde, würde ich dir ein Prozent abgeben, es wäre nämlich eine halbe Millionen Euro, bist du einverstanden?«

Ich lehnte lächelnd ab, weil wir beide nie und nimmer diese Summe würden gewinnen können. Wir können nur durch harte Arbeit zu Geld kommen. Es macht mich schon traurig, dass er nicht zu Vernunft kommt und Woche um Woche sein schönes Geld in den Sand setzt. Mehr konnte ich nicht mehr dazu sagen, weil Josef mich von Anfang an gebeten hatte, etwas Nettes zu seiner Spielsucht zu sagen und nicht sein Wunschdenken zerplatzen zu lassen. »Es ist schön mit so einem Traum zu leben, dass man eines Tages Lottomillionär werden kann«, sagte Josef.

Später erfuhr ich, dass er das Geld fürs Lottospielen sogar erhöht hatte. Statt 300 bis 400 Euro gab er jetzt monatlich 500 bis 600 Euro aus. Nach dem Motto: Je mehr man fürs Spielen ausgibt, desto größer ist die Chance zu gewinnen.

Jeder Mensch hat seine eigene Realität und Wahrnehmung. Manche sind von einer Illusion so verblendet, dass sie in der Traumwelt Trost suchen wollen. Ich kann es nie vergessen, wie seine Augen damals vor Freude leuchteten, als Josef an die schönen, bunten Scheine dachte.

Gesetzesbrecher

Das schlimmste »Verbrechen«, was ich jemals begangen habe, war, dass ich in der 30km/h Zone über 40km gefahren bin und 15 Euro Strafe zahlen musste. Ich kann mir im Leben nicht vorstellen, wie man immer wieder gegen Gesetze verstoßen, anderen Schaden zufügen und schlimme Verbrechen begehen kann.

Wir erleben oft, dass man krankhaft nach der Ursache des Verbrechens sucht. Man findet aber keine plausible Erklärung, und alles wird auf die Kindheit, die Erziehungsmethoden der Eltern und das Umfeld geschoben. Zum Schluss tragen meistens die Eltern eine Mitschuld, wenn das Kind eine Straftat begeht.

Ich selbst hatte keine schöne Kindheit, aber mir würde nie in den Sinn kommen, gegen das Gesetz zu handeln oder gegen andere Gewalt auszuüben. All die Ausreden finde ich so abwegig, aber eine bessere Erklärung habe ich leider nicht gefunden, bis ich auf Bazi Suanming gestoßen bin. Dadurch verstehe ich, warum jeder so ist, wie er ist.

Die meisten von uns führen ein harmonisches und friedvolles Leben, sie haben kaum Konflikte mit den Beamten und den Behörden. Einige wiederum gehen im Gefängnis ein und aus wie manche zum Supermarkt und das schon seit der frühesten Kindheit. Manche Leute werden in einer bestimmten Phase ausbrechen und gegen das Gesetz verstoßen.

Ich habe mich mal mit einem kleinen Gauner unterhalten. Als Jugendlicher hatte er mit einem falschen Nummernschild Benzin geklaut. Auf meine Frage, warum, antwortete er: »Es war total aufregend, es war Adrenalin pur, ein Glücksgefühl durchströmte mich dabei; ich konnte in solchen Momenten an nichts anderes denken, als zu stehlen, ich war nicht mehr bei Sinnen.«

Die Leute, die eine kriminelle Energie haben, haben meistens den Dämon »Qisha« in sich, wortwörtlich Übersetzung heißt es »Sieben Killer«. So wie ich schon mal erwähnte habe, bedeutet diese Energie Wut, Macht, Zerstörung, Schmerzen, Skrupellosigkeit, Unheil usw. Viele erzählten, dass sie oft das Gefühl haben, als ob eine fremde Macht die Regie übernimmt und sie dazu veranlasst, dass sie eine böse Tat ausüben. All das könnte zu »Qisha« zurückführen. Je nachdem, wie stark das Schicksal ist, wird man entweder zum Täter oder zum Opfer.

Es gibt auch Leute, die unschuldig im Gefängnis sitzen, obwohl sie kein Verbrechen begehen. Weil sie einen »Gefängnis-Aspekt« haben, der dafür sorgt, dass sie diesem Schicksal nicht entgehen. So wie ein berühmter Fall in Deutschland, dass ein Mann sieben Jahre lang unschuldig im Gefängnis saß.

Viele Religionen lehrten: Jeder muss für seine Verbrechen büßen; wenn nicht heute, dann morgen; wenn nicht jetzt, dann in der Zukunft; wenn nicht in diesem, dann im nächsten Leben. Ob es der Wahrheit entspricht, darüber lässt sich streiten. Aber es hilft dem Opfer ungemein bei der Verarbeitung mit Schmerz und Verlust.

Manchmal sollte man doch den Verstand einschalten, wachsam bleiben und nichts Unüberlegtes tun.

»Ein gutes Gewissen ist ein sanftes Ruhekissen«, dieses Sprichwort finde ich genial.

Kralle und sein Bruder

Frühling 2006. Auf der Arbeitsstelle meines Mannes wurde jemand neu eingestellt. Ein paar Monate später freundete sich der neue Arbeitskollege mit meinem Mann an. Er hieß mit Spitznamen »Kralle« und kam aus dem damaligen Jugoslawien. Er lebte schon lange in Deutschland.

Als er erfuhr, dass ich mich mit der Astrologie beschäftige, war er sehr begeistert und wollte unbedingt eine Zukunftsdiagnose haben.

Am nächsten Tag stellte ich sein Horoskop fertig und sah direkt, dass bei ihm nicht alles koscher war. Als mein Mann nach Hause kam, berichtete ich von meiner »Entdeckung« und warnte ihn vor Kralle. Denn sein neuer Kollege machte krumme Geschäfte, und 2004 war er sogar vor Gericht.

Mein Mann konnte sich nicht vorstellen, dass sein netter Kollege Dreck am Stecken hatte, er nahm es nicht ernst. Am nächsten Tag rannte er zu Kralle und fragte ihn direkt: »Sag mal, wurdest du 2004 verklagt? Hast du eine Gerichtsverhandlung gehabt, ey?«

Als Kralle das hörte, stoppte er sofort seine Arbeit. Er guckte meinen Mann an und wurde ganz rot im Gesicht. »Unsinn«, sagte er. »Wie kommst du auf diese Idee, mir ist nichts von dem passiert«, dementierte er äußerst laut.

Tja, da muss sich meine Frau wohl geirrt haben, dachte mein Mann.

Nachmittags nach der Arbeit ging Kralle direkt zu meinem Mann und nahm ihn zur Seite. Er schaute sich kurz um und dann fragte er leise: »Wie kann deine Frau das wissen? Das trifft alles zu. Ich wurde 2004 wegen eines Jungendstreiches verklagt. Der Richter warnte mich und hat mir eine Perspektive gegeben. Ich soll innerhalb von einem Jahr einen Job finden, sonst würde ich im Gefängnis landen. Zum Glück habe ich die Arbeit hier gefunden. Keiner wusste von diesem Vorfall, nicht einmal meine Mutter wusste etwas von diesem Prozess. Vorhin konnte ich nichts sagen, weil so viele Leute es mitbekommen hätten, deswegen musste ich alles bestreiten. Ich möchte nicht, dass der Chef davon Wind bekommt.«

Zwei Jahre später gab mir Kralle eines Tages das Datum von seinem Bruder. Er wollte, dass ich ein Horoskop für ihn erstelle.

Sein Bruder wurde am 22. Dezember 1985 um 15.20 Uhr geboren. Nach der Fertigstellung sprach ich zu meinem Mann: »Der Bruder von Kralle ist ein kleiner Gauner und Betrüger. Wusstest du das?«

»Ja, das weiß ich«, erzählte mein Mann. »Mir wurde gesagt, dass er das schwarze Schaf in der Familie ist.«

Am selben Abend rief ich den Bruder von Kralle an. Nachdem ein paar Dinge aus seiner Vergangenheit bestätigt worden waren, redete ich mit ihm Klartext und warnte ihn.

Ich gab ihm zu verstehen, dass er im Jahr 2010 und 2013 die Gefahr habe, im Gefängnis zu landen. Ich drückte mich deutlich aus, dass er das Gesetz befolgen und nichts Verbotenes tun solle.«

»Ja, okay. Ich habe deine Worte notiert und ich werde vorsichtiger sein«, sagte der Junge mit einer ernsten Stimme.

Ich legte auf, aber meine Gedanken waren immer noch bei dem Jungen. Bedrückt wandte ich mich an meinen Mann und sagte, dass der Junge die Gefahr kaum umgehen kann. Denn er würde mit höchster Wahrscheinlichkeit wegen eines Überfalls oder eines Diebstahls verhaftet werden.

Mein Mann schien sehr besorgt zu sein und fragte mich: »Können wir ihn nicht davor bewahren und ihm davon abraten?«

Ich schüttelte den Kopf und erklärte: »Wir haben getan, was wir tun können. Die Entscheidung liegt nicht in unserer Hand. Ich mache mir bloß Sorgen, dass er dadurch erst recht auf die Idee kommt, einen Überfall zu begehen. Außerdem ist es auch sein Schicksal.«

Herbst 2010. Wie ich befürchtet hatte, überfiel der Bruder von Kralle mit seinen Kumpels eine Spielhalle. Kurz danach wurden sie alle von der Polizei gefasst und gleich verhaftet.

Der Prozess zog sich lange hin. Erst im Januar 2013 landete er endgültig im Gefängnis. Er wurde dazu noch wegen Einschüchterung, Bedrohung und Erpressung verurteilt.

Bevor er ins Gefängnis ging, stand der Junge eines Tages vor meiner Haustür. Er wollte nochmal eine Beratung von mir erhalten. Doch mein Mann wies ihn vor der Tür ab. Er sagte: »Wenn du die Worte meiner Frau nicht ernst nimmst, sehe ich keinen Anlass, dass sie dich nochmal berät.« Mein Mann will nämlich nichts mit solchen Verbrechern zu tun haben.

Ein Langfinger

Herbst 2008. Eines Wochenendes kam eine hübsche Blondine zu mir. Ihr Name war Nadine. Sie war Mitte 30 und sehr schlank.

Als Nadine zu mir kam, strahlte sie vor Glück und Freude. Sie erzählte mir, dass sie vor kurzem ihren Traummann kennengelernt hatte. Sie traf ihn zufällig in einer Kneipe. Ihr Traumprinz hieß Dirk, er war 1.90 m groß und hatte schöne blaue Augen, außerdem war er sehr charmant und interessant. Es hatte sofort zwischen den beiden gefunkt.

Nadine war bis über beide Ohren in Dirk verliebt und schwebte auf Wolke sieben. Um ihren neuen Mann besser kennenzulernen, kam Nadine zu mir, sie wollte dadurch mehr über Dirk erfahren.

Dirk erzählte Nadine, dass er von Beruf Koch sei und in einer Autobahngaststätte arbeite. Er lebte zurzeit in Scheidung und übernachtete vorübergehend in einem kleinen Hotel.

Aus Nadines Erzählungen spürte ich eine leichte Unsicherheit in ihrer Stimme. Sie war in ihrem Leben schon öfter enttäuscht worden, dieses Mal wollte sie es in der Liebe langsam angehen lassen, um nicht wieder in eine »Opferrolle« zu fallen.

Ich wollte Nadine dazu ermutigen, an die große Liebe zu glauben, deshalb betrachtete ich das Datum von Dirk näher.

Dirk wurde am 09. September 1956 morgens geboren, die genaue Uhrzeit wusste Nadine leider nicht. Nachdem ich das Horoskop für ihn fertig erstellt hatte, war ich sehr überrascht und hatte ein ungutes Gefühl. Denn Dirk hatte eine Konstellation, die auf einem Verbrecher hindeutet. Unter anderem war er höchstwahrscheinlich ein Langfinger und Dieb.

Vorsichtig teilte ich meine »Diagnose« Nadine mit, ich warnte sie vor Dirk; gleichzeitig beruhigte ich Nadine, dass ich mich auch irren könnte, wenn die gegebene Uhrzeit falsch wäre. Ich wollte nicht voreilig urteilen fassen, trotzdem sollte Nadine ihn im Auge behalten.

Aber im Laufe der Zeit lernte Nadine Dirk als einen sehr sympathischen Menschen kennen. Als Chefkoch einer Autobahngaststätte musste er dauernd abends arbeiten und am Tage kam er zurück ins Hotel und schlief dann. Manchmal musste er auch einen Nebenjob annehmen, weil man sich als Koch kaum etwas leisten kann. Da er nur arbeitete und kaum Zeit für die Familie hatte, war die Ehe wahrscheinlich deswegen in die Brüche gegangen.

Manchmal, wenn Dirk doch noch Zeit hatte, backte er einen leckeren Kuchen für Nadine oder kochte für sie deutsche Hausmannskost. »Es hat einfach nur köstlich geschmeckt«, schwärmte Nadine. Manchmal half er ihr auch bei der Gartenarbeit. Er mähte ab und zu den Rasen oder entfernte mal das Unkraut.

Nadine hatte ihn richtig ins Herz geschlossen. Doch sie wurde skeptisch, wenn Dirk wieder einmal über seine Vergangenheit erzählte, denn seine Geschichten waren lückenhaft und widersprüchlich.

Eines Tages versuchte Dirk Nadine zu überreden, eine Fahrt nach Hannover zu unternehmen. Für die Fahrt hätte Nadine sofort 200 Euro bar auf die Hand bekommen. Denn ein Fahrer in der Firma war erkrankt und der Job musste dringend erledigt werden, erklärte Dirk.

Nadine rief sich sofort mein Wort ins Gedächtnis, sie wurde hellhörig: Seit wann ist Dirk Fernfahrer geworden, und nicht mehr Koch? Auf der Stelle konfrontierte Nadine ihn mit der Wahrheit und fragte ihn nach der genauen Geburtsuhrzeit. Sie wollte wissen, mit wem sie es zu tun hatte.

Dirk wurde am 09. September 1956 um 4.00 Uhr morgens geboren. Er war von Sternzeichen Waage und nach dem chinesischen Bazi Suanming gehörte er dem Wasserelement an. Nach der Fertigstellung des Horoskopes war ich völlig von den Socken. Meine

Vermutung wurde auch bestätigt. Dirk war ein hundertprozentiger Langfinger. Er klaute, was das Zeug hält. Er musste bei der Polizei ein- und ausgehen.

Wir waren beide schockiert und zugleich traurig. Es war schwer zu glauben, dass so ein hilfsbereiter Mensch ein Verbrecher war und mit Nadine sogar das Bett teilte.

Am nächsten Tag wollte Nadine mit Dirk Tacheles reden. Aber es war zu spät. Dirk war spurlos verschwunden und hatte französisch Abschied genommen. Vielleicht hatte er den Braten gerochen, vielleicht hat er aber auch nur ein schlechtes Gewissen bekommen und konnte nicht mehr in Nadines Augen schauen. Die Flucht zu ergreifen war der beste Ausweg. Die dritte Variante war, dass er bei der letzen Aktion gefasst worden war.

Aber das Ganze ließ Nadine keine Ruhe. Sie machte sich selbst Vorwürfe und fragte sich, wie man sich so täuschen und wie man nur so blind sein kann.

Irgendwann rief sie die Autobahngaststätte an, wo Dirk angeblich gearbeitet hatte. Doch der Chef kannte dort nicht einmal den Namen.

Nadine ließ immer noch nicht locker. Ein paar Tage später lief sie zur Polizeiwache, um Auskunft über den »Freund« zu erhalten.

Der Polizist guckte nach und wurde schnell fündig. Er entdeckte eine lange Liste mit Dirks Verbrechen. Es steht fest, dass Dirk ein Dieb und ein Dauergast bei der Polizei war.

Der Beamte fragte Nadine, ob irgendetwas bei ihr gestohlen worden sei und ob sie auch eine Anzeige gegen ihn stellen möchte. Zum Glück konnte sie es verneinen.

Im Nachhinein erfuhr Nadine, dass Dirk einen der Kneipengäste um hunderte von Euro erleichtert hatte.

Voodoo-Zauber

Die Frau, von der ich jetzt berichte, ist eine gute Bekannte von mir. Ihr Name ist Gertrude und sie geht auf die Siebzig zu. Gertrude ist klein und schlank, sie hat sehr nette und zarte Gesichtszüge.

Vor ein paar Jahren ist sie wegen ihres Ex-Schwiegersohns zu mir gekommen.

Damals lebte ihre Tochter in Scheidung. Ein Rosenkrieg war ausgebrochen. Es ging um das gemeinsame Sorgerecht ihres Kindes. Der Ex-Schwiegersohn hatte sich quer gestellt.

Um ihrer Tochter zu helfen und um das Enkelkind für sich allein zu haben, kämpfte Gertrude mit unfairen Mitteln. Sie zeigte nämlich ihren frühen Schwiegersohn bei der Polizei an. Der Vater hatte angeblich sein Kind »sexuell missbraucht«.

Das war ein folgenschwerer Vorwurf. Das Jugendamt und die Polizei nahmen die Anzeige sehr ernst und reagierten sofort. Sie nahmen den Vater fest, da es sich um eine Kindswohlgefährdung handelt.

Zwei Jahre lang wurde ihr Ex-Schwiegersohn von der Behörde gequält, indem er stundenlang verhört wurde. Die Beamten arbeiteten lange an diesem Fall.

Es wurde von dem Kind ein psychologisches Gutachten erstellt. Doch es gab keine handfesten Beweise. Deswegen wurde der Vater nach zwei Jahren Qual freigesprochen.

Kurz danach kam Gertrude aufgelöst zu mir. Sie erzählte: »Während mein Ex-Schwiegersohn zwei Jahre lang mit den Behörden zu tun hatte, habe ich gleichzeitig Voodoo-Zauber benutzt. Zuerst kaufte ich mir eine Puppe und benannte sie nach meinem Ex-Schwiegersohn. Dann habe ich die Puppe jeden Tag verwünscht. Ich steckte oft Nadeln in die Puppe hinein. Das hat zwei Jahre lang gut funktioniert. Aber warum hat die Wirkung jetzt nachgelassen?« Gertrude wollte nicht glauben, dass ihr Voodoo-Zauber sie im Stich ließ.

Ich blickte in das Datum ihres Ex-Schwiegersohnes und stellte fest, dass diese vergangenen zwei Jahre die schlimmsten in seinem ganzen Leben waren. Er musste auch so wegen eines Sexskandals verklagt werden und leiden musste er auch. Zum Glück war die Durststrecke dieses Jahr für ihn zu Ende gegangen. Ein neues Leben stand bevor. Es konnte für ihn nur noch besser werden.

Ich musste Gertrude erklären, dass das nichts mit ihrer Zauberei zu tun hatte.

»Die letzen Jahre waren die Hölle für deinen Schwiegersohn. Aber jetzt ist die Pechsträhne von ihm zu Ende. Denn keine Magie der Welt kann noch funktionieren.« Ich wundere mich, dass es heutzutage noch Leute gibt, die an Magie so stark glauben. Außerdem rate ich jedem davon ab, denn was man einem wünscht, kriegt man irgendwann doppelt zurück.

Einerseits hatte ich Mitleid mit ihrem Schwiegersohn, denn sein Ruf war ruiniert und sein Leben zerstört. Andererseits konnte man es Gertrude nicht ganz übel nehmen. Es war nämlich sein Schicksal. Gertrude war sozusagen der Bote des Teufels, der ihrem Schwiegersohn das Leben schwer machte. Aber für Gertrude wiederum war ihr Schwiegersohn der Teufel in Person.

Herbst 2008. Gertrude kam wieder zu mir. Sie gab mir dieses Mal das Datum eines jungen Mannes und fragte mich, ob ich etwas »sehen« kann.

Dieser mir unbekannte junge Mann wurde am 19. April 1974 um 2.00 Uhr geboren. Ich fragte Gertrude, ob der Mann Probleme im Kopfbereich habe.

»Er leidet manchmal an epileptischen Anfällen«, antwortete sie.

Ich fragte weiter: »Weißt du zufälligerweise, ob er 2006 und 2007 vor Gericht gewesen ist?«

Kaum waren meine Worte zu Ende gesprochen, da fing Gertrude an, laut zu kichern, aber sie versuchte es zu vertuschen, indem sie die Hand vor den Mund hielt.

Nach einer kurzen Überlegung antwortete Gertrude überraschend: »Ja, ich habe ihn angezeigt.« Sie hatte es zugegeben. Gertrude sprach leiser als sonst und sie wurde leicht rötlich im Gesicht.

Dieser junge Mann war der neue Mann von ihrer Ex-Schwiegertochter. Dieses Mal ging es wieder um das Sorgerecht ihrer Enkeltochter (ein anderes Enkelkind).

Seit der junge Mann da war, wollte er mehr Zeit mit seiner neuen Familie verbringen. Um nicht das Kind immer zur Oma abzuschieben, was Gertrude doch immer gefiel, wollen sie die Erziehung allein ausüben. Gertrude hatte sofort schwarz gesehen und den Mann kurzerhand vor Gericht gezerrt. Er sollte das Kind sexuell belästigt haben.

Der Prozess hatte wieder zwei Jahre gedauert. Danach war der Fall fallen gelassen worden.

Aus astrologischer Sicht gibt es zwei Typen von Personen, die ständig vor Gericht müssen. Die einen werden angezeigt, die anderen zeigen jemanden an. Gertrude gehört zu den letzteren. Sie muss immer jemanden beschuldigen, wenn ihr etwas nicht passt.

Gertrude ist klein und zierlich, aber sie hat einen starken Kampfgeist und einen ausgeprägten Gerechtigkeitssinn. Um ihr Recht zu wahren und zu verteidigen, würde sie aufs Ganze gehen, jedes Mittel ist ihr recht. Aber man sollte lernen, dass nicht alles, was man für richtig hält, auch tatsächlich richtig ist. Zum Glück kommt für Gertrude in den nächsten zwanzig Jahren eine Rückzugsphase. Da wird sie sich zurückziehen und ihr Leben wird viel ruhiger und gelassener. Gertrude wird wieder die nette Dame sein, die ich kennengelernt habe.

Ich habe die Warnung vergessen

Eines Tages im Herbst 2011 lernte ich einen Mann namens Raed kennen. Raed kam ursprünglich aus einem arabischen Land. Er war nicht sehr groß, hatte breite Schultern und einen Dreitagebart. Raed war in Deutschland aufgewachsen und hatte zurzeit ein kleines Autohaus in unserer Nähe.

Als mein Mann und ich damals nach einem Auto schauten, landeten wir zufällig in seinem Autohaus.

Raed sprach nicht viel, aber er war freundlich und hilfsbereit, wir waren sehr zufrieden mit seiner Beratung. Ein paar Tage später entschieden wir uns für eine Reparatur des jetzigen Autos, weil es eine kostengünstige Variante im Vergleich zu einem Neuwagen war.

Als wir Raed von unserer Entscheidung benachrichtigten, zeigte er volles Verständnis: »Ich würde es auch so machen.« Gleichzeitig seufzte er und beschwerte sich, dass es heutzutage immer schwerer sei, in Deutschland Geld zu verdienen: »Die Käufer werden immer weniger, und die Geschäfte gehen stets bergab.« Er schien sehr unglücklich mit seinem Zustand und seiner jetzigen Situation zu sein.

Aus Mitleid und Neugier bot ich ihm meine Fähigkeiten an, ich würde gern nach seinen Sternen schauen, um festzustellen, wann die Durststrecke für ihn zu Ende gehen würde.

Daraufhin freute Raed sich sehr und gab mir sofort sein Geburtsdatum.

Raed wurde am 17. September 1965 um 00:10 Uhr geboren. Er ist dem Erde-Element zugeordnet. Kein Wunder, dass es ihm momentan nicht gut geht, denn alle Menschen, die diesem Element angehören, befinden sich in diesen zwei Jahren in einer mehr oder weniger schlechten Phase. Er ist keine Ausnahme.

»Das Jahr 2008 war ein schweres Jahr für dich, finanzielle Engpässe und Geldverlust kann man in deinem Horoskop deutlich erkennen.« So fing ich mit meiner Aussage an.

»Korrekt«, bestätigte Raed. »Durch die Geschäfte habe ich 100.000 Euro verloren.«

»2010 und 2011 sind wieder zwei Katastrophen-Jahre für dich, du hattest es nicht leicht«, fuhr ich fort.

»So ist es«, antwortete Raed. »Es waren zwei harte Jahre, in denen ich mich auch von meiner Frau trennte.«

Nachdem ich die Aussage bestätigt bekommen hatte, fing ich an, nach seiner Glücksphase zu suchen. Zu meiner größten Überraschung musste ich leider feststellen, dass, im Hinblick auf seine astrologische Konstellation, es noch nicht die Spitze des Eisberges war. Etwas viel Schlimmeres wartete noch auf ihn, denn im Jahr 2014 bestand Gefahr, dass er ins Gefängnis musste. Es war unausweichlich.

Ich überlegte, wie ich ihm diese Information übermitteln sollte. Da schaute er mich ernst an und fragte, voller Hoffnung: »Diese Pechsträhne ist für mich zu Ende, oder?«

Ich schüttelte den Kopf: »Leider nein«, dann sagte ich ihm direkt ins Gesicht: »Das Jahr 2014 ist sehr ungünstig für dich, vielleicht musst du ins Gefängnis.«

Ich redete nicht um den heißen Brei, sondern warnte ihn direkt.

»Das kann nicht sein, ich kann es mir nicht mal im Traum vorstellen, dass mir so etwas passieren könnte.« Als er merkte, dass es kein Scherz war, meinte er: »Ich habe schon lange mit dem Gedanken gespielt, in meine Heimat zurückzukehren, demnächst werde ich es auch tun. Kann ich dadurch der Gefahr entgehen?«

»Nein«, gab ich ihm eine glasklare Antwort. »Du kannst dir jede Ecke der Welt aussuchen, es würde nicht helfen, es ist schicksalsbedingt.«

Ich wollte ihn auf keinen Fall entmutigen oder ihm Angst einjagen, sondern nur die Wahrheit sagen. Astrologisch gesehen war Raed ein feuriger Mensch und konnte hin und wieder recht aggressiv werden. Etwas Druck auszuüben war in diesem Fall nicht verkehrt.

Ohne ein Wort holte er ein Notizbuch und einen Kuli aus seiner Hosentasche und schrieb das Jahr 2014 mit meiner Prognose auf.

»Versuche in diesem Jahr deine überschüssige Energie im Zaum zu halten und bleibe am besten zu Hause, vielleicht wird es nur halb so schlimm«, erklärte ich.

Es war schon dreieinhalb Jahr her, seitdem hatte ich Raed nicht mehr gesehen, dieser Zwischenfall war auch schon Geschichte.

Ende März 2015. Eines Tages stand Raed plötzlich vor mir, er schien sehr aufgeregt zu sein und erzählte mir seine unglaubliche Geschichte: »Du hast recht. Alles ist so passiert, wie du es prophezeit hast. Ich habe letztes Jahr zehn Monate lang im Gefängnis gesessen.« Der Schock stand ihm noch deutlich in seinem Gesicht geschrieben.

»Wie kann das passieren?«, fragte ich. Ich hatte schon damit gerechnet, dass er eines Tages vor mir stehen und beichten würde, dass er verhaftet worden wäre. Als es so weit war, war ich doch ein bisschen überrascht.

»Vor drei Jahren bin ich in meine Heimat zurückgekehrt. Anfang 2014 musste ich wegen eines Geschäftes in Deutschland hierher zurück. Gleichzeitig wollte ich auch meine Kinder sehen. Leider hatte ich deine Warnung längst vergessen. Am 01. Februar 2014 bin ich in einem Streit mit einem Landsmann geraten und es artete aus. Wir sind beide handgreiflich geworden. Drei Wochen später wurde ich verhaftet.«

Er versuchte, seinen Tathergang flüchtig zu beschreiben, das klang für mich nicht überzeugend. Ich fragte ihn: »Die Strafen in Deutschland sind sehr milde, man würde dich doch nicht wegen einer Schlägerei zehn Monate lang in ein Gefängnis sperren. Ist etwas Schwerwiegendes passiert?«

Da grinste er und erzählte: »Ich habe kräftig zugeschlagen, meine Faust landete so ungünstig, dass sein ganzes Gesicht entstellt worden ist. Er musste wochenlang im Krankenhaus behandelt werden.«

»Das klingt nach einer schweren Körperverletzung«, unterbrach ich ihn.

»Leider ja«, nickte Raed. »Ende Februar kam die Polizei mit dem Haftbefehl, ich musste zehn Monate ins Gefängnis. Im Knast habe ich den anderen Gefangenen von deiner Prophezeiung erzählt. Es ist immer noch schwer zu glauben, dass du so etwas vorhersehen kannst. Ist die schlimmste Zeit für mich vorbei?«

Er guckte mich an und wartete sehnsüchtig auf eine positive Antwort.

»Fast«, erwiderte ich. »Nur noch Zwei Monate. April und Mai 2015 wird wieder so eine Phase, in der du mit der Polizei schnell in Konflikt geraten kannst. Bitte gib acht.«

Zwei Monate später rief er mich an und erzählte, dass er am 15. April wegen zu schnellen Fahrens von der Polizei angehalten worden sei. Es hatte viel Geld und Punkte gekostet. Ende Mai war er mit einem Nachbarn in Streit geraten und hatte sich geprügelt, zum Glück war keiner verletzt.

Die schlimmste Zeit für ihn ist zu Ende. Ich hoffe, dass er einiges daraus gelernt hat und in Zukunft seinen Zorn unter Kontrolle halten wird.

Ich kannte mich selbst nicht mehr

Winter 2005. Ich lernte einen Mann namens Ralf kennen. Er wurde am 08. April 1948 um 14.30 Uhr geboren. Er war ein ziemlich negativ eingestellter Mensch.

Als er zu mir kam, seufzte Ralf unaufhörlich. Er beschwerte sich über sein unglückliches Leben und klagte über sein Leiden.

Ralf erzählte, dass ihn sein Vater schon in jungen Jahren verlassen und er mit seiner Mutter kein gutes Verhältnis habe. Deswegen sei er in den 80er Jahren ausgewandert und habe hin und wieder Gelegenheitsjobs angenommen, um sich über Wasser zu halten. Nach jahrelangen Auslandsreisen war Ralf irgendwann nach Deutschland zurückgekehrt. Er hatte nun einen Schlussstrich unter sein voriges Leben gezogen.

Ich schaute in sein Horoskop und bemerkte, dass er 1996 einen Konflikt oder eine Auseinandersetzung mit der Polizei hatte. »Ja«, bestätigte er. »Zu dieser Zeit befand ich mich in Indien und eines Tages sah ich einen Mann auf der Straße, der ein Pferd peitschte. Darüber war ich sehr wütend. Ich rannte zu ihm, riss seine Peitsche aus der Hand und schlug ihn kräftig damit. Ich war wie fremd gesteuert und kannte mich selbst nicht mehr. Ich verpasste ihm einen Hieb nach dem anderen und schlug auf ihn ein, bis er zu Boden ging. Später kam die Polizei und nahm mich fest. Ich verbrachte mehrere Stunden auf der Polizeiwache.«

Als ich seine Geschichte hörte, blieb mir die Sprache weg, ich weiß nicht, ob ich Mitleid mit ihm, dem Pferd oder dem Inder haben sollte.

Ich schaute weiter in sein Horoskop, um etwas Positives herauszufinden. Leider sah ich für ihn keine rosige Zukunft, denn eine harte Zeit stand ihm bevor. Angesichts der anhaltend ungünstigen Phase sollte man nichts Großartiges unternehmen und sich am besten zurückziehen. Denn die Energie des Scheiterns war im Anmarsch. Diese Phase ist auch die »rebellische Phase«. Das bedeutet für Ralf, dass er sich über jede Kleinigkeit aufregt. Er scheut vor Konflikten nicht zurück und will immer Recht haben. In manchen Fällen scheint es so, als ob man mit Eiern auf Steine wirft. Man sollte sich nicht wundern, wenn man sich einen blutigen Kopf holt.

Zum Leben gehören Optimisten und Pessimisten. Viele Menschen sind negativ veranlagt und sehen alles immer schwarz. Solchen Leuten darf man nicht die ganze Wahrheit ins Gesicht sagen, weil sie dadurch schnell entmutigt werden und keine Freude am Leben mehr haben.

Ralf gehörte eindeutig zu den Pessimisten, deshalb brachte ich ihm alles schonend bei. Ralf wurde bewusst, warum bei ihm in der letzen Zeit alles schiefgelaufen war.

Mir war noch etwas aufgefallen, ich sagte zu ihm: »Du musst ab jetzt deine Gelenke schonen.«

Daraufhin erwiderte er: »Vor drei Monaten habe ich ein Stechen im linken Bein gespürt, seitdem schmerzt es immer wieder. Wann hört es endlich auf?«

Ich konnte leider nicht direkt antworten, weil es erst der Anfang eines langen Leidenswegs für ihn war. Ich konnte ihm nur ein paar gute Heilmittel empfehlen und riet ihm, sofort zum Arzt zu gehen.

Die guten Nachrichten bewahrte ich bis zum Schluss auf. Damit er nicht verzweifelte, sprach ich: »Du hast in diesem Jahr einen Geldzuwachsaspekt. Das bedeutet, dass du nicht allzu viel tun musst, um an Geld zu kommen.«

»Ich habe meine Mutter ins Altersheim geschickt und habe nun ihr Haus dafür bekommen. Zählt das auch zu diesem Aspekt?«, fragte er.

»Auf jeden Fall«, gab ich zur Antwort. »Und wenn wir schon so ehrlich zueinander sind, du solltest nächstes Jahr auf das Fliegen verzichten. Du hast dazu noch eine Vergiftungsgefahr, womöglich eine Gefahr im Zusammenhang mit einem Brand oder einer Rauchvergiftung, deshalb Finger weg vom Feuer.«

Ein Jahr später kam Ralf zu mir und berichtete: »Ich habe deine Worte beherzigt. Letztes Jahr bin ich nicht weggeflogen. Aber dem Feuer konnte ich leider nicht entgehen.« Aus heiterem Himmel fing sein Haus Feuer. Seine wertvollen Gegenstände und Bücher wurden vollständig zerstört.

Die Geschichte von Ralf lässt mich grübeln und macht mich nachdenklich: Was bringt es, wenn ich alles vorher errechnen kann. Was passieren muss, muss passieren. Man sollte die Kraft der Natur nicht unterschätzen.

Sexueller Missbrauch

Ich habe eine langjährige Freundin, die zurzeit in China lebt. Sie ist nicht sehr begeistert, dass ich mich so stark mit esoterischen und spirituellen Dingen beschäftige. Obwohl sie meine Aussagen bewundert, ist sie innerlich immer noch ein bisschen skeptisch.

Eines Tages hatten wir wieder so eine kleine Meinungsverschiedenheit am Telefon. Um sie davon zu überzeugen, dass Astrologie eine Seelensprache ist und es mit Aberglaube nichts zu tun hat, schlug ich vor, dass ich etwas über ihr Geheimnis aus der Vergangenheit erzähle. Da lachte sie am anderen Ende des Telefons: »Wir beiden haben doch kein Geheimnis voneinander, du weißt bereits alles über mich.« Sie lachte weiter und nahm meine Worte nicht ernst.

Ich sagte zu ihr: »Sei nicht böse, wenn ich deinen Schmerzpunkt treffe, du brauchst auch nicht zu antworten, wenn du nicht möchtest, aber als du drei, vier Jahre alt warst, wurdest du von mehreren, fast gleichaltrigen Jungen sexuell belästigt.«

Diese Aussage hatte Überwindung gekostet, ich wollte auf keinen Fall unsere Freundschaft aufs Spiel setzen.

Da war plötzlich Ruhe. Lange Zeit hörte ich nichts von ihr, dann seufzte sie ins Telefon: »Ich dachte, ich würde dieses Geheimnis mit ins Grab nehmen. Ich habe diese Geschichte keinem erzählt, sie ist so schmutzig und schmerzhaft, dass ich 40 Jahre lang unter ihrem Schatten gelitten habe.«

Meine Freundin war damals von einer Gruppe Nachbarjungen sexuell belästigt worden. Diese Jungen waren selbst noch Kinder, der älteste war gerade mal sechs Jahre alt.

Dieser seelische Schmerz, der ihr zugefügt worden war, war enorm und unbeschreiblich. Dieses Ereignis hat sie bewusst oder unbewusst gequält, sodass sie sich immer wieder zurückzog und sich ständig Vorwurfe machte. Meine Freundin war so froh, dass es in der Welt endlich jemanden gibt, mit dem sie darüber reden konnte.

Unser Gespräch dauerte eineinhalb Stunden. Nach unserer Unterhaltung war sie sichtlich erleichtert, und sie war sehr dankbar, so eine Freundin wie mich zu haben.

Sexueller Missbrauch ist immer noch ein Tabuthema in unserer Gesellschaft. Viele Opfer verkriechen sich ein Leben lang in einer dunklen Kammer. Sie machen sich selbst Vorwürfe und fühlen sich schmutzig und verwerflich. Schuld- und Angstgefühle verfolgen sie ständig, es ist sehr schwer, ihr Schamgefühl zu überwinden. In Wirklichkeit sind sie doch die Opfer, die geschützt werden müssen.

Das Schicksal ist vorherbestimmt, dennoch schreibe ich dieses Kapitel, in der Hoffnung, dass die Eltern dadurch wachgerüttelt werden, auf das eigene Kind mehr zu achten und es zu schützen. Eine Aufklärung ist notwendig und die Opfer sollen sich nicht mehr schämen und einen Riesenballast das ganze Leben lang mit sich rumschleppen. Noch mehr Aufmerksamkeit soll man den Kindern schenken und die Kinder motivieren, sich zu wehren.

Weinende Jutta

Vor einiger Zeit beriet ich eine ältere Dame astrologisch. Sie war so begeistert und zufrieden mit meiner Beratung, dass sie eine Woche später eine ihrer Bekannten zu mir schickte.

Ihre Bekannte heißt Jutta, sie ist von Beruf Verkäuferin, nebenbei ist sie auch als Reinigungskraft unterwegs.

An dem besagten Tag kam Jutta zu mir. Sie ging auf die Fünfzig zu, sah aber noch sehr gut aus. Sie war mittelgroß und schlank, leicht geschminkt war sie auch, trotzdem ließ es sich erahnen, dass sie eine Schönheit war, als sie noch jung war.

Jutta wurde am 19. Januar 1964 um 1.25 Uhr morgens geboren. Sie war von fünf Elementen dem Metall-Element zugeordnet. Jutta sagte, dass sie nicht sicher war, ob ihre Geburtsuhrzeit richtig lag, weil es die bloße Erinnerung ihrer Mutter war. Sie hatte vor kurzem einen Brief an die Stadt geschrieben und nach der genauen Geburtsuhrzeit gefragt, leider hatte sie bis heute noch keine Antwort bekommen.

Ich erklärte ihr, dass ich anhand ihres jetzigen Geburtsdatums ein paar Dinge aus ihrer Vergangenheit sagen würde, um festzustellen, ob alles aus ihrem Leben zutrifft.

Jutta war sofort einverstanden, man merkte, dass sie ein wenig ungeduldig war.

»Du bist ein Einzelkind.« Mit diesem Satz fing ich mit meiner »Diagnose« an.

Sie nickte: »Meine Geburt war damals sehr kompliziert. Sie verursachte viel Schmerz und Leid für meine Mutter, deshalb bin ich Einzelkind geblieben.«

»Wenn die Uhrzeit richtig ist, dann tendierst du zu schlimmen Frauenkrankheiten, besonders im Unterleib und an der Gebärmutter«, fuhr ich fort.

Jutta nickte wieder.

Ich überlegte, ob ich die nächste Frage stellen sollte, weil es so unmöglich klingt. Ich fragte weiter: »Hast du dich im Jahr 1972 einer Gebärmutteroperation unterzogen?« Zögerlich stellte ich diese Frage, weil sie damals gerade acht Jahre alt war.

»Ja«, bestätigte Jutta mir. »Damals haben die Ärzte bei mir einen Tumor in der Gebärmutter entdeckt und kurz danach wurde er entfernt.«

Ich hatte vorher mitbekommen, dass Jutta eine große Tochter hatte. Deshalb fragte ich sie, ob die Schwangerschaft zwischen den Jahren 1992 und 1994 zustande kam.

Da entgegnete Jutta: »Im Jahr 1992 habe ich meine Tochter bekommen, was die Ärzte für sehr unwahrscheinlich hielten, weil ich damals gewarnt wurde, nie schwanger zu werden.«

Ich war sicher, dass die Uhrzeit von Jutta richtig war. Es gab aber eine Frage, die mich von Anfang an plagte. Ich überlegte, ob ich die Frage Jutta stellen sollte. Gleichzeitig war ich auch fest überzeugt, dass die Leute, die zu mir kommen, all ihr Geheimnis preisgeben und mit ihrer Vergangenheit aufräumen möchten. Nichts soll unter den Teppich gekehrt werden.

Deshalb fragte ich Jutta vorsichtig, ob ich ihr eine unangenehme Frage stellen könne oder ob sie etwas dagegen habe.

»Du kannst mir alle Fragen stellen«, entgegnete Jutta. Ich schaute ihr in die Augen, sie senkte leicht ihren Kopf und ihre Hand zitterte ein wenig. Sie schien zu ahnen, was ich sie fragen wollte.

»Bist du 1976 vergewaltigt worden?« Meine Stimme war sehr leise, sodass wir sie beide gerade hören könnten, weil es die schlimmste Frage und Aussage war, die ich bis jetzt gemacht hatte. Aber es war schon 35 Jahre her, die Zeit heilt alles, dachte ich.

Die Luft war sehr stickig und drückend. Ich blickte zu Jutta. Was ich nun sah, verschlug mir die Sprache. Jutta fing bitterlich an zu weinen. Tränen strömten über ihr Gesicht. Ihre Schulter zitterte gewaltig und sie wirkte sehr zerbrechlich. Das machte mich sehr traurig und da ich nah am Wasser gebaut bin, waren meine Augen gleich feucht. Ich holte schnell Taschentücher aus meiner Tasche und gab sie Jutta.

Ein paar Minuten später war sie etwas beruhigt. »Ich bin mit zwölf Jahren vergewaltigt worden«. Sie schluchzte und sprach in gebrochenen Sätzen. Offensichtlich saß der Schmerz noch tief in ihr.

Ich legte meine Hand auf ihre Schulter und versuchte sie zu trösten. Sie durchlebte ein schweres Trauma und war seelisch zerrüttet. Ich ließ ihren Tränen freien Lauf, da mir bewusst war, dass die Angst, der Schmerz und die Wut, die jahrelang in ihr schlummerten, durch ihre Tränen teilweise weggespült werden konnten.

Nachdem sich Jutta beruhigt hatte, erzählte sie mir ihre schockierende und herzzerreißende Geschichte. Als sie zwölf Jahre alt war, wurde sie von ihrem Schwimmlehrer, der auch ihr Nachbar war, mehrfach vergewaltigt. Dieses unsägliche Leid und Ekelgefühl begleiteten sie bis heute. Das schlimmste war, dass der Mann immer noch in der Nachbarschaft wohnte und sie ihn oft sah. »Warum hat er das getan? Warum bin ich das Opfer geworden?« Diese Frage stellte sich Jutta immer wieder. Diese schmerzhafte Geschichte hatte Jutta nie erwähnt, sie litt ihr Leben lang darunter.

Jutta fragte mich, ob ihr Putzfimmel von diesem Vorfall herrührt.

»Teils«, antwortete ich, weil die meisten Menschen, die dem Metallelement zugeordnet sind, gerne putzen. Sie sind Fanatiker von Sauberkeit und Ordnung.

Zum Schluss bedankte sich Jutta mehrmals für meine ausführliche Beratung, sie war so froh, dass sie offen und über alles mit mir reden konnte. Durch unser Gespräch erlebte sie ein großes Gefühl der Befreiung, ein wesentlicher Teil ihrer Belastung, ihres Schuldgefühls und ihrer Angst waren weggenommen worden.

Ich wünsche mir für Jutta, dass bald ihre ganze Belastung verschwinden wird und wünsche ihr alles Glück für die Zukunft.

Die kleine Nichte

Eines Tages im Frühling 2007 kam eine Freundin zu Besuch. Ihre Eltern hatten seit geraumer Zeit den Flug nach Europa für den Sommer gebucht, um sie zu besuchen und der Hitzewelle zuhause zu entgehen. Sie freute sich riesig auf das Wiedersehen mit ihren Eltern. Nun passierte etwas Unvorhersehbares und sie benötigte dringend meinen Rat.

Sie erzählte: »Vor kurzem ließ sich mein Bruder scheiden, seine Tochter wurde vom Gericht ihm zugesprochen. Als Koch verdient mein Bruder nicht so gut, außerdem hat er kaum Zeit für seine Tochter. Die große Aufgabe, das Kind zu beaufsichtigen, war automatisch auf den Schultern meiner Eltern gelandet. Das war für meine Eltern ein »gefundenes Fressen«, auf ihre Enkelin aufzupassen, was sie sowieso immer gerne gemacht haben. Jetzt rückt die lange geplante Reise nach Europa immer näher. Einerseits freuen sich meine Eltern, mich zu sehen, andererseits macht sich meine Mutter große Sorgen um ihre fünfjährige Enkelin. Sie steckt in einer Zwickmühle und weiß nicht, ob sie die anstehende Reise absagen soll, obwohl meine Schwester die Aufgabe übernehmen würde, auf das Kind aufzupassen.«

Meine Freundin wollte von mir wissen, ob die Reise stattfindet und ob bei ihrer kleinen Nichte alles glatt laufen würde.

Das Kind wurde am 19. Dezember 2001 um 11.05 Uhr geboren. Sie ist ein tapferes Mädchen mit einem starken Willen, obwohl sie gerade einmal fünf Jahre alt war. Ich habe den Schwerpunkt für sie auf 2007 gelegt. Zu meiner großen Überraschung musste ich leider feststellen, dass sie sich in einem Jahr befindet, wo sie sexuell belästigt werden könnte.

Ich würde hellhörig und wachsam. Schonend brachte ich die Information meiner Freundin bei.

»Schon seltsam«, sagte meine Freundin. »Neuerlich erzählte mir meine Mutter, dass die Kleine von einem jungen Mann in der Nachbarschaft schwärmte, der vor Kurzem eingezogen war, was meine Mutter sehr merkwürdig fand. Ich werde sie darauf hinweisen und aufmerksam machen.«

Ein paar Monate später kam meine Freundin wieder und erzählte mir die folgende Geschichte: »Jeden Tag geht meine Nichte auf den Spielplatz, der sich hinter dem Haus befindet, und verbringt fast den ganzen Tag mit den anderen Kindern zusammen. Aufgrund der Warnung war meine Mutter ein wenig beunruhigt und sie nahm sich vor, das Mädchen zu verfolgen. Am nächsten Tag, kaum war meine Nichte aus dem Haus, ging sie ihr nach. Zum Ärger meiner Mutter beobachtete sie von weitem, dass sich das Mädchen in einer Gruppe von großen Jungen befand, statt mit den kleinen Kindern zu spielen. Ein paar Minuten später saß das Mädchen sogar auf dem Schoß eines fremden Jungen, dabei kicherte sie laut vor Freude. Meine Mutter sah sofort rot, sie rannte zu dem Kind und zerrte es von dem Jungen weg. ‚Wer seid ihr? Wie alt bist du?‘ Meine Mutter hatte laut die Frage dem fremden Jungen gestellt.

‚Ich bin 19‘, antwortete er.

‚Was macht ihr hier?‘, fragte meine Mutter wütend.

‚Wir spielen nur‘, antwortete der Junge mit unschuldigem Gesichtsausdruck.

‚Zieh Leine‘, sagte meine Mutter. ‚Sucht euch gleichaltrige Kinder zum Spielen und hier möchte ich euch nie wieder sehen.‘

Im Nachhinein fand meine Mutter heraus, dass die Jungs Wanderarbeiter aus dem Dorf waren, die ihr Glück in der Stadt suchen.

Meine Mutter machte sich Vorwurfe, dass sie nichts gemerkt hatte, obwohl sich alles unter ihrer Nase abgespielt hatte. Man weiß nicht, was noch Schlimmes hätte passieren können ohne die rechtzeitige Vorwarnung. Zum Glück war alles gut gegangen. Zum

Schluss hat meine Mutter das Mädchen meiner Schwerster übergeben und ihren Sommerurlaub in Europa genossen.«

Ein Monteur und sein Chef

Ein Bekannter von uns hat einen guten Kumpel, der Christian heißt. Im Frühling 2009 befand sich Christian in einer tiefen Phase. Seine Freundin hatte sich von ihm getrennt. Christian war sehr traurig und litt stark darunter.

Um ihn zu trösten, schickte unser Bekannter Christian zu mir, in der Hoffnung, dass meine Beratung seinen Schmerz »lindern« könne.

Christian war 1.85 m groß, hatte schöne blonde Haare und kristallblaue Augen. Er sah gut aus und war sehr charmant, besonders sein bezauberndes und glänzendes Lächeln war so wahrhaft und herzlich, dass man ihn sofort ins Herz schließen musste und dahinschmelzen konnte. Ich wunderte mich, welche Frau ihn aus freien Stücken verlassen könne.

Christian wurde am 25. Oktober 1987 um 4.38 Uhr geboren. Anhand der fünf Elemente ist er dem Erde-Element zugeordnet. Ich war leicht irritiert, als ich sein Horoskop erstellte, weil der Junge mit dem schönsten Lächeln der Welt unter starken Depressionen litt. Danach habe ich ihn auch gefragt.

»Ich leide ständig an Depressionen«, antwortete er.

»Im Winter 2007 hast du ein Mädchen kennengelernt und dich in sie verliebt, diese Beziehung hielt leider nicht lange, 2008 gab es viele Streitereien zwischen euch beiden und spätestens 2009 musstest du dich von ihr trennen.« Ich sagte etwas über seine neuste Vergangenheit.

Christian stimmte zu. »Wir haben uns 2008 öfter gestritten und vor ein paar Wochen sind wir endgültig auseinander gegangen. Aber ich hänge noch stark an ihr.«

»Sie ist leider nicht die Richtige für dich. Deine Lebenspartnerin erscheint erst im Jahr 2013.« Ich versicherte Christian, dass er

2013 seine große Liebe finden würde, was sich im Nachhinein auch bewahrheitete.

Etwas Auffälliges und Unschönes sah ich in seinem Horoskop. Christian war nämlich in Gefahr, von Männern sexuell belästigt zu werden. Sexuelle Übergriffe sind ein heikles und schwerwiegendes Thema, darüber sprechen die meisten Männer nicht gerne, weil es ihnen zu peinlich ist.

Um meine Frage ein bisschen geschickt zu stellen, fragte ich Christian: »Weißt du, dass du nicht nur Frauen anziehst, du ziehst auch die Männer an.«

»Ich weiß«, entgegnete er ohne zu zögern. »In der Disko, wo ich mich ab und an aufhalte, kommen immer wieder Männer zu mir und fragen mich, ob ich schwul bin und ob wir was zusammen trinken können.«

Christian schaute mich kurz an, es schien, als ob er noch etwas loswerden wollte, aber er hat sich doch bedeckt gehalten.

Später erfuhr ich, dass damals, als Christian auf Montage war, er von seinem eigenen Chef sexuell belästigt worden war. Damals hatte Christian ein Doppelzimmer mit seinem Chef geteilt. Mitten in der Nacht war sein Chef in sein Bett geschlichen und hatte ihn überall angetatscht und angefasst. Der Chef war stark alkoholisiert gewesen. Zum Schluss hatte er versucht Christian auf dem Mund zu küssen und ihn die ganze Zeit »mein Schatz« genannt. Es war für Christian wie in einem Horrorfilm, es war einfach widerlich. Hals über Kopf ergriff er die Flucht und war aus dem Zimmer geflohen.

In den nächsten Tag stellte sich sein Chef dumm. Angeblich wusste er gar nichts mehr von dem Vorfall in der Nacht zuvor, er hatte alles auf seinen Alkoholkonsum geschoben.

Bis heute frage ich mich immer wieder, ob es eine Tarnung des Chefs war, sich betrunken auszugeben und sich so ein Alibi zu verschaffen.

Ein streng gehütetes Geheimnis

Im Winter 2013 rief mich eines Tages ein Handwerker an, den ich vor zwei Jahren kennengelernt hatte. Er fragte mich, ob es noch möglich sei, ein Horoskop von mir erstellt zu bekommen. Sein Name war Holger, es ging hauptsächlich um seine Beziehung.

Schnell vereinbarten wir einen Termin. Holger wurde am 20. April 1961 um 6.35 Uhr geboren. Er war von den fünf Elementen dem Feuerelement zugeordnet. Holger war nicht sehr groß und trug eine Brille. Sein Haar war schon stark gelichtet.

Holger erzählte mir, dass er sich vor kurzem in eine gleichaltrige Frau verliebt hatte, aber die Beziehung verlief nicht so, wie er es sich vorgestellt hatte. Es ging einfach nicht voran. Er wollte wissen, ob diese Beziehung Früchte trug.

Bevor ich mit der Beratung beginne, stelle ich oft ein paar Fragen über die Vergangenheit, um die richtige Uhrzeit zu prüfen. Dieses Mal gab es auch keine Ausnahme, ich würde seine Vergangenheit ein bisschen durchleuchten.

»Bist du ein FKK-Anhänger?«, fragte ich ihn direkt.

Überraschenderweise gab er sofort zu: »Ja, ich bin ein FKK-Fanatiker. Zu Hause laufe ich immer nackt herum; in der Freizeit nehme ich regelmäßig an FKK-Aktivitäten teil. Ich war sogar in einem FKK-Dorf in Holland gewesen, wo man nackt in den Geschäften einkaufen kann.« Er schwärmte noch, als er an die Szene zurückdachte.

Offen zugegeben hatte ich diesen Punkt nur erraten, weil man in seiner Konstellation deutlich sehen konnte, dass er an Nieren- und Blasenproblemen litt, außerdem hatte er noch die Suchtgefahr. Da hatte ich das eine mit dem anderen in Verbindung gebracht und die Aussage getroffen.

Es ist allgemein bekannt, dass die meisten Leute, die an Lungenproblemen leiden, ewige Sehnsucht nach Zigaretten haben; viele, die an Leberproblemen leiden, die Finger vom Alkohol nicht lassen können; und manche, die Nieren, Blasen und Unterleibsprobleme haben, zu Nacktheit oder wenig Stoff am Körper tendieren, sie »frieren« nämlich gern, was den Unterleib in Mitleidenschaft zieht. Auf dieser Basis fragte ich ihn, ob er Nieren- oder Blasenbeschwerden hat.

Holger antwortete mit einem »Ja.«. Er erzählte mir, dass seine Mutter in jungem Alter an Nierenversagen gestorben ist.

Apropos Beziehung. Der Feuer-Element-Mann hat im Herbst 2013 einen großen oder kleinen Liebesaspekt. Holger musste in diesem Zeitraum in seine Traumfrau verliebt gewesen sein.

Er bestätigte es mir. Als er über seine Traumfrau redete, war er voller Begeisterung und seine Augen fingen an zu glänzen.

Ich musste aufgrund seiner Konstellation leider feststellen, dass im Jahr 2013 ein »Liebesaspekt« und »Trennungsaspekt« bei ihm parallel existierten. Das bedeutet, dass diese Beziehung nicht funktionieren konnte, der Stern stand nicht günstig für ihn.

Holger schien nicht überrascht zu sein, als er meine Worte hörte, weil nach drei Monaten heißem Flirt und Bettgeschichten die Frau sich plötzlich zurückgezogen hatte. Momentan bekam er ab und zu von der Dame noch eine E-Mail-Begrüßung, es herrschte aber in der Beziehung Funkstille.

Ich wollte gern etwas Nettes in Bezug auf diese Beziehung zu ihm sagen, aber ich musste auch die Wahrheit sagen und Tacheles reden. Es bringt nichts, wenn man sich etwas schönredet und zum Schluss eine große Enttäuschung erlebt.

Bevor Holger sich bedankte und wir uns verabschiedeten, richtete ich eine Bitte an ihn. Ich fragte Holger, ob ich ihm eine intime Frage stellen und in seiner Vergangenheit ein bisschen wühlen könne. Holger dachte sich nichts dabei und war sogleich einverstanden.

Ich zögerte ein wenig mit dieser Frage, weil es sehr peinlich für einen Mann sein musste: »Du wurdest, als du zehn und elf Jahre alt warst, von einem mittelalten Mann zwei Jahre lang sexuell missbraucht, nicht wahr?« Nach jahrelanger Erfahrung wusste ich, dass es den Opfern gut tut, wenn man darüber redet.

Holger war eigentlich bereit aufzubrechen. Als er meine Worte hörte, erstarrte er. Er nahm gleich wieder Platz. Sichtlich war er geschockt, er hatte im Traum nicht daran gedacht, dass ich sein dunkles Geheimnis kenne. Holger schaute sich automatisch einmal um und murmelte: »Ich habe es niemandem erzählt und dachte, dass keine Sterbensseele davon erfährt.« Er war fix und fertig. Seine Augen waren vernebelt, er musste mehrere Male seine Brille abnehmen und wieder aufsetzen.

Nach einem kurzen Seufzer erfuhr ich von ihm eine traurige Geschichte. Holger erzählte mir, dass er, als er zehn Jahre alt war, oft von dem Vater seines besten Freundes vergewaltigt worden war. Der Vergewaltiger war Witwer. Er hatte Holger bedroht, dass er es überall erzählen würde, wenn Holger sich weigerte mitzumachen. Diese Untat hatte zwei Jahre lang gedauert, das arme Kind war schutzlos ausgeliefert.

Ein paar Monate später schrieb mir Holger einen Brief, um sich zu bedanken. Es stand in dem Brief, dass es schön sei, dass es mich gibt. Nach unserem Gespräch fühlte er sich wie neu geboren.

Geschlecht

Vor zwanzig Jahren, bevor ich nach Deutschland kam, gab es für mich nur heterosexuelle Ehen auf der Welt, die auf selbstverständliche Weise aus Frau und Mann bestehen. Ich hatte von einer anderen Form der sexuellen Liebe, oder genauer gesagt, von gleichgeschlechtlicher Liebe, noch nie gehört.

Nachdem ich hier in Deutschland bin, habe ich erfahren, dass verschiedene Arten von Sexualitäten und Lebensformen existieren. Dazu gehören die Homosexuellen, die Bisexuellen und die Transvestiten … ich habe das vorbehaltlos und vorurteilsfrei akzeptiert. Wir leben in einer freien Welt. Jeder kann tun und machen, was er will, solange er sich und anderen nicht schadet. So lautet nämlich mein Motto.

Mit der Zeit stellte sich heraus, dass viele Leute sich schwer tun, so etwas überhaupt zu tolerieren, geschweige denn zu akzeptieren. In der Gesellschaft wird Homosexueller oft mit Spott und Beschimpfungen diskriminiert. In manchen Ländern ist dies sogar gesetzlich verboten. Früher habe ich mir die Frage gestellt, ob die Eltern das Kind falsch erzogen haben. Seit ich mich mit der chinesischen Astrologie beschäftige, ist mir bewusst geworden, dass die sexuelle Ausrichtung nichts mit der Erziehung zu tun hat. Mit der Zeit ist mir klar geworden: In dem Moment, in welchem man auf die Welt gekommen ist, ist das gesamte Leben schon vorprogrammiert.

Das Leben ist seit der Geburt vorherbestimmt, Homosexualität auch. Ich kann mich glücklich schätzen, dass ich nicht davon betroffen bin, denn die meisten leiden lebenslang an Depressionen. Ich fürchte, dass es ein langer und schwieriger Weg wird, bis alle Homosexuellen von der Gesellschaft toleriert und akzeptiert werden.

Ich habe schon einmal eine Unterhaltung mit einem Mann geführt, der eine außergewöhnliche Geschichte hatte. Er erklärte mir, dass er mehrere Persönlichkeiten besitzt. Manchmal liebte er Frauen, manchmal fühlte er sich zu Männern hingezogen, manchmal wünschte er sich, eine Frau zu werden, manchmal fühlte er sich wieder wohl in seiner eigenen Haut. Im Endeffekt wusste er selbst nicht, was er wollte. Sein wechselhaftes Verhalten machte ihn unbeliebt, er spürte öfter die unangenehmen Blicke sowohl von Frauen als auch von Männern.

Man fragt sich oft, warum es früher nicht so viele sexuelle Ausschweifungen gab oder das dritte Geschlecht? Ich bin der Meinung, dass die heutige Gesellschaft viel offener und lockerer ist. Man wird nicht sofort an den Pranger gestellt, wenn man sich anders verhält. Was früher schnell unter den Teppich gekehrt wurde, würde heute nicht mehr verborgen und anders sein würde toleriert. Natürlich spielt das Schicksal des Landes eine übergeordnete Rolle, welches über die sexuelle Orientierung der Menschen und das Gesetz bestimmt. In Bezug auf Sexualität oder Geschlecht macht es Thailand sehr vorbildlich, zum Beispiel wird man in Thailand von Kindesbeinen an so erzogen, dass es auf der Welt ein drittes Geschlecht gibt.

Patrick oder Patricia

Vor ein paar Jahren lernte ich eine Frau aus meinem Heimatland kennen. Sie und ihre Familie wohnen zurzeit in Süddeutschland. Wir telefonieren ab und zu miteinander. Eines Tages gab mir die Frau ihr Geburtsdatum und wollte eine astrologische Beratung von mir bekommen. Am Ende war sie so zufrieden, dass sie auch eine Vorhersage für ihren Mann und ihren Sohn in Anspruch nahm.

In dem Gespräch wies ich darauf hin, dass sich ihr Sohn in der Zukunft zu Männern hingezogen fühlen würde. Da seufzte sie ins Telefon und erzählte: »Damals, als mein Sohn noch klein war, haben wir extra ein Auge auf ihn geworfen, dass er sich nicht zu früh in ein Mädchen verliebt und dies seinen Schulleistungen schadet. Jetzt ist es aber höchste Zeit, dass er heiratet und Kinder bekommt, aber es tut sich bei ihm einfach nichts.«

Innerlich fürchtet sie schon, dass ihr Junge schwul wird.

Kleine Kinder, kleine Sorgen, große Kinder, große Sorgen. Ich kann die Mutter gut verstehen, für die betroffenen Eltern ist es nicht einfach, weil die Gesellschaft noch nicht bereit ist, alles zu akzeptieren.

In der nächsten Geschichte geht es um Uschi und ihren Sohn Patrick. Uschi kenne ich schon lange. Sie ist hauptberuflich Hausfrau, nebenbei hat sie noch einen kleinen Minijob. Uschi erzählte mir, dass sie damals, als ihr Sohn geboren wurde, an Depressionen litt; ihr Sohn Patrick war dadurch ein Papakind geworden. Jetzt hatten Mutter und Sohn wieder ein gutes Verhältnis. Meine Prophezeiung, dass es ihrem Sohn 2010/11 nicht gut gehen würde, nahm Uschi schon ernst, aber sie konnte sich nicht vorstellen, was mit ihm passieren würde.

Eines Tages, im Herbst 2010, kam Uschi zu mir. Sie erzählte, dass sich ihr Sohn seit Anfang dieses Jahres komplett verändert hatte. Der Junge zog sich immer mehr zurück und nahm heimlich

Drogen. Gegenüber seinen Eltern war er sehr gereizt. Uschi wollte endlich wissen, was mit ihrem Kind los war und wo bei ihm der Schuh drückte.

Patrick wurde am 29. August 1986 um 6.15 Uhr geboren. Als ich damals ein Horoskop für ihn erstellte, sagte ich der Mutter ganz direkt: »Dein Sohn wird keine Frau heiraten, denn in seinem Geburtshoroskop existiert kein Zeichen, das für Frauen steht. Er hatte höchstens 2007 eine Beziehung, aber 2008 müsste er sich dann wieder von der Freundin getrennt haben.«

Uschi bejahte meine Äußerung. Sie bestätigte mir, dass ihr Kind im Jahr 2007 ein paar Monate lang mit einem Mädchen zusammen gewesen war, danach hatte er sich von ihr getrennt. Ob der Junge auf Männer stand, konnte man im Horoskop leider nicht sehen. Aber man konnte feststellen, dass er in diesen zwei Jahren Männer »vertrieb«.

So ein Horoskop war mir noch nie unter die Augen gekommen. Zum ersten Mal fehlten mir die Worte. Ich konnte nicht genau definieren, was mit Patrick los war. Es blieb mir nichts anderes übrig, als für ihn Tarot-Karten zu legen. Ich zog die Karte »neun Stäbe«. Das hieß, dass Patrick momentan sehr verschlossen war und sich bedeckt hielt. Ich war genau so schlau wie vorher.

Uschi erzählte, dass ihr Mann und sie ihren Sohnemann zum Psychologen geschickt haben, um herauszubekommen, was mit ihm los ist. Aber es war alles zwecklos oder besser gesagt für die Katz. Patrick wollte einfach nicht verraten, was ihm fehlte. Er hatte sich eine dicke Mauer zugelegt.

Inzwischen zerbrach ich mir den Kopf, unentwegt suchte ich nach der Antwort. So verging schnell ein Jahr. Ich wälzte viele Astrologiebücher. Darunter war eins von einem chinesischen Astrologen. Ich stieß so auf das Datum eines Eunuchen, der vor 1000 Jahren gelebt hatte. Der Eunuch hatte eine so ähnliche astrologische Konstellation wie Patrick. Im Klartext steckte Patrick zurzeit in einer Geschlechts- und Identitätskrise.

Auf der einen Seite war ich geschockt über meinen Fund, denn Uschi würde nicht sehr erfreut sein über das, was ich ihr sagen würde. Andererseits war ich auch stolz auf mich, denn endlich hatte ich des Rätsels Lösung. Ich konnte es kaum erwarten, der Mutter die Nachricht zu überbringen.

Ein paar Wochen später kam Uschi nochmals zu mir. Inzwischen hatte ihr Sohn auch offengelegt, dass er im falschen Körper gefangen sei. Es hatte lange gedauert, bis er sein inneres Ich erkannt und einen Entschluss gefasst hatte. Patrick wollte so schnell wie möglich eine Frau werden.

Anfangs merkte Patrick, dass etwas mit ihm nicht stimmte. Aber genau konnte er es nicht definieren, bis er sich eines Tages als Frau verkleidete. Er hatte sich noch nie so wohl in seiner Haut gefühlt. Er spürte auf einmal große Freude und tiefe Zufriedenheit. Früher hatte er sich immer bedeckt gehalten, da er Angst vor der Reaktion seines Umfelds hatte. Aber jetzt hatte Patrick seinen Wunsch geäußert, er wollte für den Rest seines Lebens als Frau leben. Lange hatte er im Internet recherchiert und einen modernen Namen für sein Verhalten gefunden: Transgender.

Zuerst war es für die Eltern schwer, die Realität zu akzeptieren, aber im Nachhinein zeigten sie Verständnis gegenüber Patrick. Was blieb ihnen auch anderes übrig? Er war der einzige Sohn und das einzige Kind.

Wenn Patrick vor ein paar tausend Jahren geboren wäre, wäre er bestimmt ein Eunuch geworden. Früher wäre ein drittes Geschlecht unvorstellbar gewesen. Ein Eunuch zu werden, war der beste Ausweg. Ich machte mir inzwischen auch viele Gedanken.

Ich fragte die fürsorgliche Mutter, ob sich Patrick bald einer Geschlechtsumwandlung unterziehen möchte. Mit einem säuerlichen Lächeln antwortete Uschi: »Ja, er kann es kaum erwarten, bis sein bestes Stück wegoperiert wird. Alles wurde ganz schnell in die Wege geleitet. Jetzt fehlt nur noch das psychologische Gutachten. In absehbarer Zeit werde ich wohl eine Tochter haben, die Patricia heißt.«

Ich wünsche Patrick oder Patricia alles Gute für die Zukunft und einen reibungslosen Verlauf der Operation.

Früher hatte ich immer Mitleid mit den Eunuchen. Wie kann man nur seine Männlichkeit wegschneiden lassen? Es ist schmerzhaft und grauenvoll. Aber jetzt bin ich eines besseren belehrt worden. Ich wusste nicht, dass das für manche eine bestmögliche und ideale Lösung ist.

Diese Frau hat meine Tochter verführt

Winter 2013, kurz vor Weihnachten. Eines Morgens rief mich ein Mann namens Thomas an und stellte mir am Telefon laut eine Frage: »Anfang dieses Jahres hast du zu mir gesagt, dass ich im Herbst eine Frau kennenlernen und mich in sie verlieben werde, aber diese Beziehung nicht lange halten wird.«

Ich überlegte, welcher Thomas er genau war, denn ich hatte für so viele Freunde und Bekannte eine Vorhersage gemacht, dass ich ihn nicht so schnell einordnen konnte.

»So, wie du sagtest, habe ich im September eine hübsche Frau kennengelernt und wir sind total ineinander verliebt. Wir haben am selben Tag Geburtstag, wir haben dieselbe Glückszahl, wir lieben die gleichen Filme und essen gern die gleichen Sorten Eis. Wir sind Seelenpartner und füreinander bestimmt. Warum sagtest du, dass diese Beziehung keine Zukunft hat?« Er fing an, sich am Telefon zu beschweren.

Ich vermutete, dass es in der Beziehung (besser gesagt Affäre) stark gekriselt hatte. Er sah mich als letzten Strohhalm: Würde ich der Beziehung ein grünes Licht geben, würden die beiden zusammenbleiben. Er wollte einfach der Wahrheit nicht ins Auge sehen.

In diesem Moment war es sinnlos, weiter mit ihm am Telefon zu diskutieren, und ich legte auf.

Zwei Wochen später, kurz nach dem neuen Jahr, kam Thomas zu mir. Er entschuldigte sich bei mir und erzählte, dass seine Freundin, einen Tag vor Weihnachten, ihm einen Brief in den Briefkasten geworfen und mit ihm Schluss gemacht hatte. Diese Beziehung hatte genau drei Monate gedauert.

Er war tief verletzt und es war eines der traurigsten Weihnachtsfeste in seinem Leben. Ich konnte es ihm keineswegs verübeln, dass er in Verzweiflung versucht hatte, mir eine Mitschuld zu geben, ich konnte ihn gut verstehen. Aber was nicht zusammengehört, wird auch nicht zusammenbleiben, er sollte diese Frau langsam vergessen. Als ich mich in ein Gespräch verwickeln ließ, hörte er gar nicht mehr auf zu reden. Er wollte, dass ich mehr über sein Leben beschrieb.

Thomas war nach dem chinesischen Sternzeichen ein Tiger, er gehörte dem Feuerelement an. Er hatte im Leben viel Pech mit Frauen gehabt und in absehbarer Zeit sah ich leider kein Liebesglück für ihn.

In seinem Horoskop war das Thema »Kind« ein weiterer Schwachpunkt. Deswegen fing ich damit an. Ich sprach zu ihm: »In deinem Geburtshoroskop fehlt die Energie, die für die Kinder steht.«

Thomas schaute mich etwas verwirrt an, aber er sagte nichts.

Um Missverständnisse zu vermeiden, erwiderte ich schnell daraufhin: »Mit zwanzig Jahren kam bei dir aber ein Kinderaspekt, der glücklicherweise zwanzig Jahre lange andauerte. In so einer Phase wirst du mehrere Kinder bekommen und eine glückliche Familie haben.«

»So ist es. Ich habe in diesem Zeitraum fünf Kinder mit meiner Frau bekommen«, sagte Thomas voller Stolz.

»Mit vierzig Jahren geht diese Phase bedauerlicherweise zu Ende«, meinte ich zu ihm.

Daraufhin erzählte er, dass kurz nach seinem vierzigsten Geburtstag ihn seine Frau mit den fünf Kindern verlassen hatte. Er schien nicht sehr davon betroffen zu sein, vielleicht lag es aber daran, dass diese Trennung ein paar Jahre zurücklag.

Anscheinend wollte er mich prüfen, er fragte, ob ich auch sehen könnte, was 2010 mit ihm passiert sei.

Ich antwortete: »Das ist eines der schlimmsten Jahre in deinem Leben. Du hattest wahrscheinlich starke psychische Probleme.«

Ohne mit der Wimper zu zucken gab Thomas zu: »Wegen dem Streit mit meiner ältesten Tochter bin ich fast wahnsinnig geworden. Ich stand kurz davor, mir das Leben zu nehmen.« Man konnte sehen, dass der Schmerz noch tief in ihm saß.

»An allem ist ihre Freundin schuld«, schimpfte der Vater. »Sie hat meine Tochter auf die schiefe Bahn geführt.« Thomas schien richtig in Rage zu sein, als er an die neue Freundin seiner Tochter dachte.

Die Tochter war wohl der Mittelpunkt in seinem Leben. Deswegen erstellte ich ein Horoskop für sie. Das Mädchen wurde am 11. September 1987 um 0:58 Uhr geboren.

Nach einem kurzen Blick fragte ich den besorgten Vater, ob er die volle Wahrheit über seine Tochter wissen möchte oder ob ich einiges weglassen soll. Logisch wollte Thomas die reine Wahrheit hören und versuchte seine Aufgeregtheit zu überspielen.

Ich erzählte ihm: »Deine Tochter hat sich vielleicht früher einmal für Jungs interessiert, aber jetzt liebt sie auf jeden Fall Frauen. Sie ist hundertprozentig eine Lesbe.«

»Nein, das kann nicht sein.« Thomas wurde ganz laut und fast hysterisch. »Diese Frau hat meine Tochter verführt.« Man merkte den Hass in seiner Stimme, er wollte es einfach nicht wahrhaben.

»Alles begann im Jahr 2009, in dem deine Tochter diese Frau kennengelernt und sich Hals über Kopf in sie verliebt hat.« Ohne Umschweife machte ich meine Aussage über die Entwicklung ihrer Beziehung. Ich glaubte, dass es höchste Zeit sei, ihn wachzurütteln.

Thomas war plötzlich ruhig geworden und sagte nichts mehr. Es war genau in diesem Jahr, als sich die beiden kennengelernt hatten und kurz danach war seine Tochter zu der Freundin gezogen, seitdem hatte sie jeglichen Kontakt zu dem Vater abgebrochen.

»Deine Tochter war ein nettes und liebevolles Mädchen. Mit 22 Jahren kommt in ihrem Leben aber eine Veränderung um 180 Grad. Die gute ‚Fee' hat sie vorübergehend verlassen.« Ich versuchte es ihm mit wenigen Fachwörtern zu erklären.

»Ja«, bestätigte Thomas mir sofort. »Damals war sie ein Papakind. Sie war so lieb und brav. Sie war die beste Tochter, die man sich vorstellen kann. Seit sie diese Frau kennengelernt hat, ist meine Tochter nicht mehr wiederzuerkennen. Sie belog mich pausenlos und hat mich öfter bestohlen. Es ist sehr enttäuschend und schmerzhaft zuzusehen, was mit ihr geschehen ist. Die Frau ist an allem schuld. Sie ist für mich ein rotes Tuch und ein Stachel in meinem Fleisch. Ich kann Sie überhaupt nicht leiden.«

Thomas redete ohne Punkt und Komma. Er wollte seinen ganzen Frust dadurch loslassen.

»Es ist eine Fügung«, erklärte ich ihm. In ihrem Schicksal war deutlich zu sehen, dass ihr Vater ständig im Konflikt mit ihren Frauen stand. »In der Zukunft wird deine Tochter noch mehrere Erfahrungen mit Frauen machen. Leider wirst du keine ihrer Partnerinnen mögen und akzeptieren. Die Folgen sind Dauerstress und Streitereien.«

»Wann meldet sich meine Tochter endlich bei mir?«, rief er laut aus. »Besteht die Möglichkeit, dass wir uns wieder versöhnen?«

Auch wenn er wusste, dass eine Versöhnung hoffnungslos war, wollte er die Realität nicht akzeptieren.

»In absehbarer Zeit besteht leider keine Möglichkeit auf Versöhnung. Man kann nur auf ein Wunder warten«, sagte ich ehrlich zu ihm.

Das Horoskop der Tochter deutete an, dass ihr Vater seit 2009 für sie gestorben war. Eine Versöhnung war ausgeschlossen, weil sich die beiden seelisch nicht vertragen konnten.

Anfang 2015 rief Thomas mich an und erzählte, seine Tochter habe sich nicht bei ihm gemeldet, trotz aller Bemühungen und Versuche. Es war schon sechs Jahre her, er wolle nun Gras über die Sache wachsen lassen und ein neues Leben anfangen.

Was ist los mit mir?

Vor ein paar Jahren unterhielt ich mich einmal mit jemandem über das Thema Astrologie. Er war sichtlich ein Skeptiker und zweifelte an jeder Esoterikaussage. Unser Gespräch dauerte nicht lange, weil er einen Anruf von seinem Chef bekam und dringend etwas erledigen musste. Ich fand es schade, dass ich ihn nicht überzeugen konnte.

Im Herbst 2013 rief der Mann mich an und fragte, ob ich mich noch mit Astrologie beschäftige und ob er eine Beratung von mir bekommen könne, weil 2013 kein gutes Jahr für ihn war, er hatte Stress und Zoff mit seinem Chef gehabt. Er wollte nun wissen, ob es bald besser werde und wie es mit ihm weitergehe.

Es schien, dass unser letztes Gespräch bei ihm doch einen Nerv getroffen hatte. Am Telefon erklärte ich ihm, dass ich eine kostenlose Beratung anbieten würde, vorausgesetzt, dass er mir gegenüber ehrlich sein und die ungeschminkten Wahrheiten sagen sollte. Natürlich war er einverstanden.

Sein Name war Stefan, er wurde am 02. Juli 1956 um 12.00 Uhr geboren. Stefan war von den fünf Elementen dem Feuerelement zugeordnet. Am Telefon erzählte ich aus dem Stegreif einiges über ihn. Stefan war anfangs über seine Geburtsuhrzeit nicht so sicher, also schaute ich noch mal genauer hin.

»Wenn die Uhrzeit richtig ist, muss ich leider sagen, dass die Chemie zwischen dir und Kindern nicht stimmt, im Klartext, du hast kein Kind.« So fing ich mit meiner Beratung an.

»Korrekt«, antwortete Stefan. »Ich habe kein Kind, obwohl ich so gerne Kinder hätte.«

»Somit ist die Uhrzeit auch richtig«, erklärte ich. »Das bedeutet auch, dass du jemand bist, der ständig auf Achse ist und kaum zur Ruhe kommen kann.« Von außen sah man nicht, dass Stefan so ein

Mensch war, ganz im Gegenteil, er war die Ruhe in Person. Aber ich verließ mich komplett auf die Astrologie.

Stefan lachte: »Ich weiß auch nicht, warum ich immer unterwegs bin. Am manchen Tagen ziehe ich zu Hause nicht einmal die Schuhe aus, um auf dem Absatz kehrt zu machen«.

»Im Jahr 1997 gab es für dich einen großen Liebesaspekt, eine Hochzeit war nicht auszuschließen.« Ich bin immer froh, über die große Liebe berichten zu können, obwohl sie in diesem Fall in der Vergangenheit lag.

»Ich habe in diesem Jahr geheiratet«, bestätigte mir Stefan. Er klang am Telefon sehr begeistert über das astrologische Wissen.

»Der Streit mit deinem Chef ist nur vorübergehend, die Unannehmlichkeit geht bald vorbei, außerdem wirst du im Jahr 2016, spätestens 2017, Rente bekommen und den Ruhestand genießen.« Ich hoffte, dass meine Worte Stefan etwas Freude bereiten können.

»Unser Streitthema ging hauptsächlich um meine Rente«, sagte Stefan. »Es wurde zum Schluss festgelegt, dass ich im Jahr 2016 in Rente gehe.«

Ich hatte seine wesentliche Frage beantwortet und überlegte, ob ich die nächste Frage stellen sollte. Da fragte Stefan, was ich noch über ihn sagen könne. Ich konnte noch eine Menge über ihn sagen, denn sein Datum verriet noch einiges. Ich antwortete ihm nicht direkt, sondern riet ihm vorbeizukommen, wenn er die Zeit fand. Es gibt Gespräche, die nicht nur unter vier Ohren, sondern auch unter vier Augen geführt werden sollten.

Ein paar Wochen später kam Stefan zur mir, meine Beratung hatte ihn sehr überzeugt und ihn auch neugierig gemacht.

»Wenn du meine Frage unangenehm findest, brauchst du nicht zu antworten, aber wenn du mir antwortest, muss alles der Wahrheit entsprechen.« Ich hatte meine Bitte Stefan gegenüber zuerst geäußert.

Stefan schien zu ahnen, was ich ihn fragen wollte. »Ich werde alles offen legen, nichts bleibt verborgen«, erklärte Stefan spaßeshalber, aber sein Gesicht schien sehr ernst.

»Du bist ein negativ denkender Mensch und sehr melancholisch.« Mit diesem Satz fing ich wieder an.

»Das sagt meine Frau auch immer zu mir«, bestätigte Stefan.

»Du trinkst viel und kannst auch einen tüchtigen Stiefel vertragen.« Um die Atmosphäre zu lockern, ging ich zu anderen Themen über.

»Das ist mir bewusst«, grinste Stefan. »Wir haben schon mal einen Wettbewerb zwischen Kumpels gestartet, aber keiner ist mir überlegen.«

Ich hatte eine Frage, die mir unter den Nägeln brannte und die ich die ganze Zeit loswerden wollte. Ich schaute direkt in seine Augen: »In deinem Ehehaus sitzt ein Mann, das bedeutet, dass du nicht nur Frauen liebst, du liebst auch Männer.« Ich ahnte, was er mir antworten würde, und fragte mich, ob er überhaupt darüber sprechen wollte.

»Du hast recht, ich mag auch Männer.« Ohne zu zögern bestätigte Stefan es mir. »Ich hatte leider noch nie die Gelegenheit, mit einem Mann ins Bett zu gehen.« Stefan zwinkerte mir zu, er war mir gegenüber sehr offen.

Seit seiner Kindheit plagte ihn immer die Frage: Warum habe ich Zuneigung sowohl für Frauen als auch für Männer, bin ich noch normal? Nach all den Jahren hatte er endlich von mir eine genaue Beschreibung über sich selbst bekommen, Stefan war sehr erstaunt, was man nur anhand seines Datums »sehen« konnte.

Ich hatte leider auch festgestellt, dass Stefan pädophil veranlagt war. Zum Glück spielte Disziplin und Selbstbeherrschung in seinem Leben eine große Rolle. Er würde nicht frei seinen Neigungen nachgehen. Stefan war eine verantwortungsbewusste Person, er würde auf keinen Fall das Gesetz oder die Regeln brechen. Er hatte sich sozusagen unter Kontrolle. Trotzdem formulierte ich ihm so eine Frage: »Die jüngeren Mädchen und Jungen ziehen dich mehr an?«

Ich weiß nicht, ob Stefan meine Frage verstand oder nicht. Er antwortete: »Ja, deshalb beschäftige ich mich in meiner Freizeit als Coach in einer Jugendgruppe. Ich kann nichts mit alten Leuten oder den Leuten in meinem Alter anfangen.«

Mit meiner Beratung war Stefan sehr zufrieden. Die meisten Fragen und Sorgen, die jahrelang in ihm schlummerten, wurden durch unser Gespräch geklärt und bereinigt. »Deine kompetente Aussage bringt Licht in mein Leben«, sagte er anschließend. Seitdem war er in der Astrologie von einem Skeptiker zu einem Fan geworden.

Er hat mehrere »Leichen« im Keller

In der Nachbarschaft wohnt ein älteres Ehepaar, das ich gut kenne. Beide sehen sehr jung aus, obwohl sie schon mehrere Kinder und Enkelkinder haben. Die Familie trifft sich oftmals und organisiert hin und wieder ein Fest, sie haben eine enge Beziehung zueinander. Sie machen den Eindruck einer Bilderbuchfamilie, die von Harmonie und Glück geprägt ist.

Herbst 2008. Eines Tages traf ich die Großeltern auf einen Spaziergang. Die ältere Nachbarin fragte mich, mit welcher Art von Astrologie ich mich beschäftige. Als sie erfuhr, dass die Astrologie sehr treffsicher sei und fast über alles vorhersagen könne, schien ihre Neugierde geweckt zu sein; ihr Mann, der daneben stand, hörte aufmerksam und konzentriert zu.

Ein paar Tage später klingelte die Nachbarin bei mir. Ihr Name war Angel, sie gab mir die Geburtsdaten von sich und ihrem Mann und gleichzeitig wollte sie noch etwas über eine Enkelin wissen, die bald ins Ausland geht und dort studiert.

Als ich die Geburtskonstellation des Ehepaars näher betrachtete, war ich geschockt. Diese scheinbar glückliche Familie war von Leid und mehreren dunklen Geheimnissen geplagt.

Angel ging es gesundheitlich überhaupt nicht gut und ihr Mann musste mehrere »Leichen« im Keller haben. Manchmal macht es mir sehr traurig, zu sehen, dass manche Menschen so eine miserable Konstellation und ein »bedauernswertes« Schicksal haben. So wie es bei diesem Paar. Da ich nichts Gutes herausbringen konnte und ich auch niemanden verletzen wollte, lehnte ich eine genaue Prognose aufgrund der fehlenden Uhrzeit ab. Am Ende erstellte ich nur ein Horoskop für ihre Enkelin.

Ich hatte schon ein schlechtes Gewissen gegenüber Angel, dass ich sie so schnell abgefertigt hatte. Wie sagt man so schön, was man nicht weiß, macht einen nicht heiß. Viele Dinge im Leben muss man nicht wissen, besonders die, welche einem Trauer und Schmerz bereiten.

Anfang 2012 starb Angel leider an Krebs. Mitte 2013 stand eines Tages der Mann von Angel unerwartet vor meiner Tür. Sein Name war Siegfried. Er erzählte mir, dass er vor einiger Zeit einen Brief an das Standesamt geschrieben hatte, um nach der genauen Geburtsuhrzeit zu fragen. Jetzt hatte er die Uhrzeit bis auf die Minute. Nach langem Zögern und Überlegen war er heute doch zu mir gekommen und er war gespannt, ob ich anhand des Datums etwas über ihn dazu sagen könnte.

Siegfried gab sich viel Mühe, um mehr über sein Schicksal zu erfahren. Das überraschte mich nicht, er musste viele Fragen haben, die er nach »oben« stellen wollte. Er hatte lange mit sich gekämpft, bevor er zu mir kam. Deshalb nahm ich sein Datum genau unter die Lupe und führte ein Gespräch mit ihm.

Siegfried wurde am 14. Mai 1952 um 8.55 Uhr geboren. Nach der Fertigstellung seines Horoskops redete ich mit ihm direkt Tacheles: »Ist dir klar, dass du viele Geheimnisse hast, stört es dich, wenn ich sie alle lüfte?«

»Nein, ganz im Gegenteil«, antwortete Siegfried. »Ich brenne darauf zu erfahren, warum mein Leben so gelaufen ist. Ganz am Anfang war ich streng dagegen, dass meine verstorbene Frau dich damals besuchte. Obwohl du kein Wort über mich verloren hast, fürchtete ich schon, dass du vieles über mich weißt. Aber mein Bauchgefühl sagte, dass man dir vertrauen kann. Außerdem wäre es sicher kein Beinbruch, wenn man das Schicksal vorher kennt und das Leben dadurch besser versteht.«

Sehr weise Worte, dachte ich mir. Ich überlegte kurz und fing damit an: »Du bist eigentlich ein Glückspilz.« Dieser Satz war nur eine Strategie von mir, ich wollte nicht, dass sich Siegfried von Anfang an unbehaglich fühlte, so gemeint hatte ich es aber nicht.

»Wie soll ich das verstehen?«, fragte Siegfried neugierig.

»Guck mal, Gott hat dich geschaffen, um Frauen wie auch Männer zu lieben, wer hat solch ein Glück, ständig im Liebesrausch zu sein?«

Auf meine Worte erschien ein kleines Lächeln auf seinem Gesicht. Er gab zu, dass er sowohl Frauen als auch Männer liebte.

»Besonders im Jahr 1999 warst du gleichzeitig in beide Geschlechter verliebt.«

Da lächelte Siegfried wieder und bestätigte: »Das war ein Jahr, wo ich meine Gefühle nicht einordnen konnte. Mit dem Mann war es leider nur eine unerfüllte Sehnsucht, nichts ist passiert.«

Siegfried war selbst auch erstaunt, dass er so offen mit mir reden konnte.

Ich setzte meine Frage fort: »Wie ist das Verhältnis zwischen dir und deinem Vater? Habt ihr noch Kontakt miteinander?« Diese Frage kam abrupt über meine Lippen, es war auch nicht ohne Grund.

»Wir haben keinen Kontakt zueinander«, entgegnete Siegfried, ohne das geringste Zeichen von Gefühlen zu zeigen.

»Ich habe hier eine sehr unangenehme Frage, die ich dir stellen möchte, hast du etwas dagegen?«

»Nur zu«, antwortete Siegfried. »Du kannst mich alles fragen.«

»Als du fünf Jahre alt warst, wurdest du von einem Mann mehrere Jahre lang sexuell missbraucht, willst du dazu etwas sagen?« Vorsichtig stellte ich diese Frage.

Siegfried schien zuerst ein bisschen verblüfft zu sein, obwohl er mit dieser Frage längst gerechnet hatte, dann erzählte er mir: »Ja, er war ein Priester. Er wollte in jeder Situation, dass ich mit ihm mitfuhr. Andere Kinder, die ahnungslos waren, waren sogar neidisch und sauer auf mich, sie dachten, dass der Priester nur mich bevorzugte.«

Siegfrieds Stimme war ruhig und ohne Aufregung, vielleicht lag es daran, dass es schon 50 Jahre her war oder dass Männer dieses Thema insgesamt besser verarbeiten konnten als Frauen.

Noch eine sensible Frage ließ mich nicht in Ruhe, wenn schon, denn schon, ich bohrte noch tiefer: »Astrologisch gesehen wurdest du auch von einem Verwandten oder deinem Vater sexuell missbraucht.«

Diese Frage fand ich sehr scheußlich, aber sie kam wie aus der Pistole geschossen, ich konnte sie nicht mehr zurücknehmen.

Es war plötzlich ruhig, es herrschte eine unangenehme Stille, man hätte sogar eine Nadel fallen gehört. Siegfried stand wie angewurzelt da, diese Frage schien ihm Schmerzen zu bereiten. Er ahnte nicht, dass man so etwas auch »sehen« kann. Er drehte seinen Kopf zur Seite und starrte den Boden an: »Es kann sein«, murmelte er, »es ist schon möglich, aber ich weiß es nicht mehr.« Gleichzeitig vermied er sämtlichen Blickkontakt mit mir.

Diese Frage war ihm doch zu peinlich, er versuchte es zu verdrängen, er wollte nicht darüber sprechen.

Ich hatte unendlich viel Mitleid und Mitgefühl mit Siegfried, was für eine grausame Kindheit er hatte, was für eine Hölle er durchmachen musste, wo bleibt die Fairness und die Gerechtigkeit im Leben? Inzwischen will ich Gott auch laut Fragen stellen.

Ganz am Anfang war Siegfried noch skeptisch, was ich überhaupt zu seiner Vergangenheit sagen kann, nach so vielen Jahren waren seine streng gehüteten Geheimnisse ans Licht gekommen. Bevor er zu mir kam, fühlte er sich selbst abartig und schmutzig, Wut und Zweifel waren sein ständiger Begleiter, all die »Schuld« hatte er sich aber selber gegeben. Nach unserem Gespräch war er sichtlich erleichtert, es war ihm wie ein Stein vom Herzen gefallen. Er nahm sich vor, sich von nun an stets in Vergebung und loszulassen zu üben.

Zum Schluss haben wir noch über viele weitere Themen geredet. Als ich erwähnte, dass er im Jahr 2021 die Möglichkeit haben würde, sich wieder in einen Mann zu verlieben, da fingen seine Augen an zu glänzen, er wiederholte das Jahr mehrmals und schien sehr nachdenklich zu werden.

Verschiedenes

Er steht auf ältere Frauen

Herbst 2005. Wie jeden Sonntag rief ich meine Mutter in China an. Am Telefon erzählte sie mir, dass der Sohn ihrer Nichte bei ihr zuhause war und für ein paar Tage bleiben wollte. Er wollte die Sehenswürdigkeiten der Stadt besichtigen und die Umgebung erkunden. Einerseits freute sich meine Mutter, den Jungen nach so vielen Jahren wiederzusehen, andererseits war sie auch skeptisch, denn der Junge hatte eine Frau mit dabei, die wesentlich älter war als er. Er erzählte meiner Mutter, dass sie eine gute Freundin von ihm sei.

Alter Ingwer ist schärfer, sagt ein chinesisches Sprichwort. Meine Mutter hatte sofort gerochen, dass etwas zwischen den beiden lief. Sie fürchtete, dass die beiden ein Liebespaar seien. Am Telefon fragte mich meine Mutter, ob ich anhand des Datums des Jungen etwas sehen und ob ich ein wenig über seine Liebesbeziehung sagen könne.

Der Junge hieß Tang. Er wurde am 12. Juli 1983 um 19.30 Uhr geboren. Mir war sofort klar, wo die Musik spielte. An Tangs »Frauenhaus« sitzen ältere, reifere und mütterliche Frauen. Das bedeutet, dass der Junge in seinem tiefen Inneren Zuneigung und Sehnsucht nach älteren Frauen hatte. Zudem hatte er 2005 einen Liebesaspekt. Um eins und eins zusammenzuzählen, mussten die beiden ein Liebespaar sein, was ich für ganz normal und selbstverständlich hielt. Ich dachte nicht viel darüber nach und brachte alles meiner Mutter bei.

Nach unserem Gespräch sprach meine Mutter auf der Stelle mit Tang und konfrontierte ihn damit. Am Ende stellte sich heraus, dass Tang während eines kurzen Studienaufenthaltes in Shanghai diese Frau kennengelernt hatte, die zehn Jahre älter war als er. Es war Liebe auf den ersten Blick, die beiden hatten sich total ineinander verliebt.

Es war der erste gemeinsame Urlaub für das Paar. Aber die Entscheidung, bei meinen Eltern zu übernachten, war ein fataler Fehler. Die Vorstellung, dass eine ältere Frau mit einem jüngeren Mann zusammen ist, war schockierend und unakzeptabel für meine Mutter. Daraufhin rief sie ihre Nichte an und lieferte Information über ihren Sohn und die Liebschaften.

Ihre Nichte ist eine reiche Frau. Sie hatte in den letzten Jahren mit europäischem Wein gehandelt und war dadurch superreich geworden. Als sie die Wahrheit über ihren Sohn erfuhr, war sie total außer sich. Sie war in dieser Hinsicht genau so schlimm und rückständig wie meine Mutter.

Um die Geliebte loszuwerden, schmiedeten die beiden Frauen einen Plan: Ich sollte nämlich eine Sprachschule in Deutschland für Tang aussuchen und ihn anmelden. Koste es, was es wolle. Tang soll weit weg von zuhause sein, weit weg von der Frau, nach dem Motto: aus den Augen, aus dem Sinn.

Ich war gar nicht begeistert von der Idee. Vorher hatte ich nicht daran gedacht, meiner Mutter gegenüber zu erwähnen, dass Tang auch ein kleiner Gauner war. Er tanzte immer aus der Reihe, Vorschriften und Regeln lagen ihm nicht. Er würde ständig mit Behörden und der Polizei in Konflikt geraten.

Ein paar Monate später, nach allen Bemühungen, war Tangs Visaantrag von der Botschaft abgelehnt worden. Am Telefon versuchte ich meine Tante zu trösten: »Sei froh, dass Tang nicht nach Deutschland kommen kann, weil er im Jahr 2008 eine Klage am Hals haben wird. Er wird einen dummen Fehler begehen, höchstwahrscheinlich geht es um den Straßenverkehr. Vorsicht ist das Gebot.«

Meine Tante war ein wenig skeptisch über meiner Voraussage; aber es blieb ihr nichts anderes übrig, als die Realität zu akzeptieren. Ein paar Monate später, allen Verwarnungen und den Kritiken zum Trotz, zogen die beiden Verliebten zusammen.

Im Herbst 2008 flog ich wieder nach Hause, um meine Eltern zu besuchen. Ich erinnerte mich noch an die Warnung für Tang und wurde neugierig. Ich rief meine Tante an. Daraufhin antwortete sie: »Ja, da hattest du recht. Frühling dieses Jahres war mein Sohn mit seiner Freundin unterwegs. Eines Nachts hatte es stark geregnet; mein Sohn, womöglich leicht betrunken, hat jemanden tot gefahren. Jetzt hat er eine Klage am Hals. Wir versuchen mit aller Macht, ihn aus der Sache herauszuboxen, weil es schwer nachweisbar ist, ob das Opfer schon vorher tot war und auf der Straße lag; außerdem war der Tote selbst auch stark alkoholisiert. Es spricht viel dafür, dass mein Sohn nur über eine Leiche gerollt ist.«

Mobbing

Es gibt in der Nachbarschaft eine nette Familie, mit der wir gut befreundet sind. Jedes Mal, wenn ich aus China zurückkomme, bringe ich ein kleines Geschenk mit; die Familie backt für uns hin und wieder leckeren Apfel- oder Pflaumenkuchen, der einfach nur köstlich schmeckt.

2008 erstellte ich ein Horoskop für die Mutter und ihre Tochter. Bei der Mutter fiel mir auf, dass sie als Kind ein Mobbingopfer und im Jahr 1977 in der Schule gemobbt worden war. Danach fragte ich sie auch.

»Ja«, bestätigte mir die Nachbarin mit Galgenhumor. »Welches Jahr, weiß ich nicht mehr genau. Damals war ich noch ganz jung; es gab in meiner Klasse ein großes Mädchen, das mir mein Leben eine Zeit lang zur Hölle machte. Es hat die Hälfte der Klasse in ihren Bann gezogen und mich jeden Tag und bei jeder Gelegenheit schikaniert und gedemütigt. Sie haben mich sogar bis zu meiner Haustür verfolgt und mir einen Spitznamen ‚Blinzelnde Augen' gegeben. Es hat monatelang gedauert und ich hatte wahnsinnige Angst, zur Schule zu gehen.«

»Kinder können manchmal sehr grausam sein«, entgegnete ich. »Viele von uns haben in der Kindheit mehr oder weniger solche schmerzhaften Erfahrungen gemacht.«

»Was ich nicht verstehe, ist: Warum riefen mich die Kinder immer ‚Blinzelnde Augen'? Meine Augen sind doch ganz normal, oder?«, fragte die Frau.

Wir schauten uns gegenseitig in die Augen und fingen an zu lachen.

Als ich das Horoskop für die Tochter erstellte, wurde ich darauf aufmerksam, dass sie im Sommer 2010 ebenfalls einen »Mobbing-Aspekt« hatte. Die Tochter wurde am 10. März 1996 um 12.51 Uhr geboren, sie war von den fünf Elementen dem Holzelement zugeordnet. Sie hatte die Gefahr, 2010 zwischen April und Anfang Juni gemobbt zu werden. Daraufhin informierte ich die Mutter über die Einzelheiten, in der Hoffnung, dass die Tochter geschützt wird und das Kind noch mehr Aufmerksamkeit von den Eltern bekommt.

Die Mutter nahm meine Worte sehr ernst, und Anfang 2010 führten die Eltern ein ernsthaftes Gespräch mit der Tochter: »Kind, komm sofort zu uns, wenn was in der Schule nicht stimmt; komm zu Mama, Papa, wenn jemand dich in der Schule ärgert. Du kannst mit uns über alles reden. Wir beide haben ein offenes Ohr für dich. Du sollst nicht alles allein hinunterschlucken.«

Die Fürsorge, die ihre Eltern ihr schenkten, konnte das Mädchen noch nicht verstehen. Darüber lachte sie: »Was kann mir schon passieren? Ihr macht euch zu viel unnötige Sorgen.«

Die Mutter ließ nicht locker, zum Schluss gab die Tochter nach: »Wenn was ist, sage ich euch Bescheid.« Sie hatte es den Eltern versprochen.

Die Zeit verging schnell. Es war schon April 2010. Auf der Geburtstagsparty der Tochter war mir etwas aufgefallen. Ich beobachtete, wie komisch die Nachbarstochter schaute. Als andere mit ihr sprachen, rückte sie ihren Kopf von rechts nach links und dann von links nach rechts, gleichzeitig verdrehte sie ihre Augen und betrachtete alle von der Seite, es sah total irre aus. Es bereitete der Mutter einige schlaflose Nächte. Sie erzählte mir, dass sich ihre Tochter seit einer Woche so komisch benehme. Sie hatte ihre Tochter mehrmals kritisiert und korrigiert, aber das Kind blieb trotzdem so »komisch«.

Es dauerte zum Glück insgesamt nur drei Wochen, danach war das Mädchen wieder normal und die Mutter war erleichtert.

Inzwischen machte ich mir doch viele Gedanken. Ich wies die Mutter darauf hin, dass sie womöglich mit ihren Augen auch so blinzelte, als sie damals gemobbt wurde. Vielleicht kam daher ihr

Spitzname. Ich erwähnte ihre Vergangenheit, damit das Ganze in Augenschein genommen werden konnte und sich die schmerzhafte Geschichte nicht bei der Tochter wiederholte.

Die Mutter war sehr zuversichtlich, sie erzählte, dass sie das Kind ganz genau beobachtet und keine Veränderungen festgestellt habe. Das Mädchen kam pünktlich nach Haus, sie machte fleißig ihre Hausaufgaben und keine schlechte Bemerkung über ihre Schulkollegen.

Die Zeit verging, die Ferien rückten näher. Bevor die Ferien anfingen, mussten alle Eltern nochmal zur Schule gehen und sich mit dem Lehrer über das eigene Kind austauschen.

Nach dem Schulbesuch kam der Vater wutentbrannt nach Hause. Er berichtete, dass seine Tochter in der Schule gemobbt worden war. Auf dem Schulhof hatte der Vater einen Jungen getroffen, der ihn erzählte, dass seine Tochter seit einiger Zeit nahezu jeden Tag in der Flurecke der Schule traurig weinte, sie wurde von ihren Mitschülern heftig gemobbt.

Am nächsten Tag ging der Vater direkt zur Schulleitung und wollte eine Erklärung dafür haben. Die besorgte Mutter machte sich große Vorwürfe, sie fragte ihre Tochter, warum sie es nicht gesagt habe.

»Es würde alles noch schlimmer machen«, antwortete das Kind daraufhin.

Bis heute weiß man immer noch nicht, weshalb sie gemobbt wurde. Aber was gut ist, der schlimmste »Mobbing-Aspekt« gehört jetzt für das Kind der Vergangenheit an. In der nahen Zukunft wird ihr diese Erfahrung erspart bleiben.

Übergewicht

Durch die Empfehlung meiner Schwiegermutter lernten wir im Jahr 2005 unseren Steuerberater kennen.

Sein Name ist Rainer, er ist 1.80 m groß und hat dunkle, lockige Haare. Rainer sieht aus wie der Hollywoodschauspieler Orlando Bloom und George Clooney in jüngeren Jahren. Er ist nicht nur hübsch, sondern auch sympathisch. Rainer ist sehr sportlich und joggt täglich. Er erzählte uns, dass sich manchmal auf der Straße viele Leute nach ihm umdrehen, um einen zweiten Blickt auf ihn zu werfen; manchmal fragten ihn Fremde, ob er ein Verwandter von einem berühmten Schauspieler sei.

Meine Schwiegermutter schwärmte oft von ihm: »Rainer ist so kompetent und zuvorkommend, vor allem macht er seinen Job sehr gut.«

Ein Jahr später, als wir uns ein bisschen besser kennenlernten, fragte Rainer mich eines Tages, ob ich was Schlimmes in seiner Zukunft »sehen« könne. Ich glaube, dass es nur eine lockere Frage war, Rainer glaubt nicht so ernsthaft an Astrologie. Außerdem ist er jung, sportlich und gesund, was kann bei ihm schiefgehen? Was Schlimmes soll bei ihm passieren?

Ich war doch sehr neugierig, zu Hause erstellte ich ein Horoskop für ihn.

Rainer wurde am 21. Juli 1962 um 11.30 Uhr geboren, er war von den fünf Elementen dem Metallelement zugeordnet. Zu meiner Überraschung musste ich leider feststellen, dass es sehr schwierig für ihn war, Kinder zu bekommen. Zweitens schlummerte bei ihm die Gefahr, dass er in der nahen Zukunft sehr dick werden würde. Anhand des chinesischen Mondkalenders werden die Leute, die an diesem Tag geboren wurden, im Laufe des Lebens kräftig an Gewicht zunehmen.

Im Jahr 2007 würde der Wendepunkt in Rainers Leben eintreten. Das Holzelement, das für Schlankheit und Beweglichkeit zuständig ist, würde in diesem Jahr total in Mitleidenschaft gezogen werden. Es bestand für ihn zusätzlich noch eine Unfallgefahr. Vorsicht ist vonnöten.

Später, als wir uns nochmal trafen, gab ich meine »Diagnose« in einer netten Form weiter. Rainer bestätigte meine Prognose Stück für Stück; er und seine Frau hatten bis heute noch kein Kind bekommen, obwohl sie es jahrelang versucht hatten. Nur die Prophezeiung, dass er eventuell dick werden würde, nahm er nicht so ernst. Er hielt es für höchst unwahrscheinlich, dass er eines Tages an Gewicht zunimmt. Jeden Tag fuhr er Fahrrad und joggte eine Stunde, ein begeisterter Sportler war er. Schon der bloße Gedanke, dass er eines Tages dick wäre, machte ihn wahnsinnig.

Schnell waren drei Jahre vorbei, erst 2009 sah ich Rainer wieder. Ich glaubte meinen Augen nicht zu trauen, als ich ihn sah. Rainer hatte sich komplett verändert, er hatte gewaltig zugenommen. Jetzt war er doppelt so schwer wie vorher, von 80 Kilo mehr war die Rede. Er sah jetzt aus wie ein Sumoringer. Es fiel ihm sehr schwer ein paar Schritte zu gehen.

Rainer erzählte mir, dass er 2007 einen Skiunfall gehabt habe und sein linker Arm sei gebrochen gewesen, seither machte er keinen Sport mehr und nahm rasant an Gewicht zu.

Das Gute daran war, dass Rainer seine Einstellung dementsprechend geändert hatte. Er fand auf einmal, dass dick zu sein gar nicht so schlimm ist. Er genoss momentan sein Nichtstun und fühlte sich in seiner Haut pudelwohl.

Der Dämon »Goldener Berg«

Vor einigen Jahren lernte ich jemanden kennen, der Geschäftsführer einer großen Firma war. Sein Name war Ulli, er wurde am 20. Oktober 1953 um 6.20 Uhr geboren. Ich kann mich noch genau an die erste astrologische Aussage von ihm erinnern. Ulli war sehr überrascht und beeindruckt, als ich zu ihm sagte, dass er als Kind einen Sprachfehler habe. Er bestätigte, dass er als Kind gestottert hat. Glücklicherweise verschwand dieses Problem mit 16 Jahren von ganz allein.

Nach unserem Gespräch war er von meinen astrologischen Fähigkeiten so überzeugt, dass er mein Stammgast geworden ist. Seitdem kommt er oft zu mir, um meinen Rat zu holen, bevor er einen Vertrag abschließen oder eine wichtige Entscheidung treffen muss.

Ulli ist ein talentierter Geschäftsmann und ein hervorragender Menschenkenner. Aber Geldmanagement ist nicht seine Stärke, er kann nicht so gut mit Geld umgehen. Denn der eine »Dämon«, der in seinem Geburtshoroskop fest verankert ist, heißt »Goldener Berg«. Das bedeutet, obwohl man einen Goldenen Berg hat, wird man sein Geld von der »rechten Hand bekommen und gleich mit der linken Hand ausgeben«, alles wird in kurzer Zeit aus dem Fenster geworfen. Solche Leute haben eine ungewöhnliche Vorstellung und Beziehung zu Geld und materiellen Dingen. Ich kenne eine Frau mit so einer Konstellation. Sie hat im Jahr 2007 für ihr Grundstück 100.000 Euro von der Stadt bekommen, innerhalb von einem Jahr hat sie alles sinnlos ausgegeben.

Die Geschichte, die Ulli mir nebenbei erzählt hat, spricht eine deutliche Sprache. Zum Beispiel bezahlte er 20.000 Euro für eine Firma, die den Schnee von den Dächern schaufelte. Die Lagerdächer sind groß, trotzdem war es ein Batzen Geld für so eine Aktion.

Ein andermal saß Ulli in einer Cafeteria, um sich eine Mittagpause zu gönnen. Da kam eine Gruppe Leute herein, die körperlich behindert waren. Es dauerte nicht lange, bis Ulli ein Gespräch mit dem Gruppenleiter führte. Ulli erfuhr, dass sich diese Gruppe jedes Jahr durch Spenden einen Ausflug leisten möchte, um unter Menschen zu kommen. Sie suchen sich eine Cafeteria oder ein Restaurant aus und treffen sich dort, um miteinander ins Gespräch zu kommen und sich auszutauschen. Ulli war sichtlich berührt von der Geschichte und übernahm zum Schluss die ganzen Kosten für diesen Ausflug.

Das kostete ihn ein paar hundert Euro, aber Ulli tat es gern. »Nur meine Frau darf es nicht wissen, sonst gibt es zu Hause richtig Ärger«, sagte er.

Meiner Meinung nach soll man ruhig etwas spenden oder Wohltaten ausüben, solange man in der Lage ist und es sich alles leisten kann. Aber ich habe bei Ulli festgestellt, dass er im Jahr 2013 in Gefahr war, seinen Job zu verlieren. Er sollte momentan sein Geld festhalten und nicht mehr so großzügig damit umgehen.

Davon wollte Ulli zuerst nichts wissen. Er hatte immer ein gutes Verhältnis zu seinem Chef. Die Firma lief zur Zeit nicht so gut, aber er und die Mitarbeiter zogen an einem Strang. Ulli war voller Zuversicht, dass er die Firma vorwärts bringen konnte.

Ulli war ein Arbeitstier, Arbeit war für ihn sein Ein und Alles. Er konnte sich nicht vorstellen, dass er eines Tages ohne Arbeit da steht. Ulli weiß auch, wie treffsicher meine Aussage ist, deshalb hat er doch nach meinem Rat gefragt.

»Du sollst alles in dich hineinfressen, wenn du den Job behalten möchtest«, sagte ich zu Ulli. Es war die einzige Lösung für sein Problem. In so einem Jahr wird alles auf den Kopf gestellt. Man geht schnell auf 180 und wird leicht außer Kontrolle geraten. Die Worte vom Chef oder Partner, die sonst so normal klingen, werden in so einem Jahr bissig klingen; jedes Wort wird auf die Goldwaage gelegt. Darüber hinaus ist man leicht reizbar und lässt nicht alles auf sich sitzen. Dadurch wird Streit entstehen und es wird Ärger geben. Die beste Methode ist, dem Chef aus dem Weg zu gehen oder alles zu schlucken.

Ulli beherzigte meine Worte, obwohl er noch skeptisch war.

Die Zeit raste, es war bald so weit. Sommer 2013 besuchte Ulli mich. Er sah schon angeschlagen aus. Er bestätigte mir, dass alles, so wie ich vorher gesagt hatte, gegen ihn gelaufen war. »Es war ein Katastrophenjahr, von Anfang an lief alles schief und geriet aus dem Ruder. Ulli schien leicht deprimiert, er erzählte weiter: »Zum Glück hast du mich vorher gewarnt, ich bin gut gewappnet, ich bin sicher, dass ich der Herausforderung gewachsen bin.«

Ulli war eine Kämpfernatur, er wollte nicht so leicht aufgeben. Aber man merkte, dass seine Kraft sehr stark strapaziert war, doch sein Optimismus, der immer in ihm steckte, war nicht ganz verloren gegangen.

Im Oktober 2013 rief mich eines Tages Ulli an. Am Telefon klang seine Stimme verzweifelt; er fragte mich, ob bald alles vorbei sei, seine Nerven liegen schon blank, er könne nicht mehr.

Ich musste ihn leider enttäuschen, weil die kommenden zwei Monate die schlimmsten Monate in diesem Jahr seien, alles in Frage gestellt und alles quer gelegt würde. Die gute Nachricht war, dass im Februar 2014 diese Phase langsam vorbei gehen würde. Er musste nur noch drei Monate aushalten.

Mitte Januar 2014 besuchte Ulli mich wieder, dieses Mal sah er total angeschlagen aus. Er war leicht krumm, sein letzten paar Haare waren ihm komplett ausgefallen. Seine Augen, die sonst immer so glänzten, verloren auch ihre Farbe. »Ich bin total fertig, ich bin nicht mehr Herr der Lage«, stöhnte er. »Ich gebe auf, meine Kündigung habe ich bereits angefertigt, morgen werde ich meinen Chef meine Kündigung übergeben.« Ulli war total an Ende, er war kurz davor, das Handtuch zu schmeißen.

Es war nicht schön zu sehen, wie Ulli am Boden zerstört war. Einerseits ist es sinnvoll, sich in so einer Phase zu verändern und sich zurückzuziehen. Ein weiser Spruch, der mir dazu einfällt, ist: Wenn Gott ein Fenster schließt, öffnet er eine Tür. Andererseits waren es nur noch ein paar Wochen, die Ulli durchhalten musste. Er hatte sich das ganze Jahr bereits brav durchgeboxt, diese paar Wochen schaffte er auch noch. Ich versuchte ihn aufzumuntern und zu motivieren.

Sommer 2014 sah ich Ulli noch einmal, dieses Mal sah er locker und gelöst aus. Seine Augen glänzten wieder, sein Lächeln kam auch zurück. Er erzählte, dass Stress und Belastung in der Firma nachließen, er hatte wieder Freude an der Arbeit und verstand sich mit seinem Chef wieder gut. Eine Kündigung kam für ihn nicht mehr in Frage.

Später sagte Ulli zu mir: »Zum Glück habe ich deine Ratschläge befolgt, sonst wäre ich jetzt den Job los. Ich würde mein fast fünfstelliges Gehalt verlieren und hätte Arbeitslosgeld beantragen müssen.«

Ein fallendes Messer soll man nicht anfassen

Im Herbst 2007 stand eines Tages unerwartet eine Freundin mit einem fremden Mann vor meiner Tür. Die Freundin entschuldigte sich, dass sie mich ohne Anmeldung überrumpelte. Aber der Mann, der mit ihr kam, wollte unbedingt eine astrologische Beratung von mir bekommen.

Ich fragte mich in Gedanken, was in der Welt so wichtig war, dass er so dringend eine Beratung haben wollte.

Der Fremde hatte schulterlange Haare und ein markantes Gesicht; er war 1.90 m groß und athletisch gebaut; er sah aus wie ein typischer Bodyguard. Sein Name war Uwe, er wurde am 26. April 1963 um 22.50 Uhr geboren. Nach dem Fünf-Elementen-Prinzip ist er dem Element Wasser zugeordnet. Als ich sein Horoskop fertiggestellt hatte, war ich doch sehr überrascht: Nach außen hin sah Uwe robust und muskulös aus, aber in Wirklichkeit war er schwach und von Krankheiten geplagt.

»Was brennt dir zur Zeit am meisten unter den Nägeln?«, erkundigte ich mich.

»Wie geht es mir gesundheitlich?«, antwortete Uwe. Er interessierte sich hauptsächlich für seinen Gesundheitszustand und wollte wissen, ob ich etwas darüber sagen könne.

Ich riet ihm, sofort zum Arzt zu gehen, wenn er irgendwelche Beschwerden hatte. Bei mir sei er fehl am Platz. Daraufhin erwiderte Uwe, dass er schon überall bei Ärzten gewesen sei, keiner könne ihm aber helfen. Er wollte nur einen kleinen Tipp von mir erhalten, wenn es möglich ist.

Ohne zu zögern deutete ich auf sein schwaches Herz hin. In seinem Horoskop konnte man deutlich sehen, dass er an einem insuffizienten Herzproblem leidet.

Auf meine Worte zeigte sich Uwe sichtlich bewegt. Er erzählte, dass in seiner Familie fast alle unter Herzproblemen leiden, seine

Großmutter und sein Vater seien an Herzversagen gestorben. Vor einigen Wochen sei Uwe in die Schweiz geflogen und hatte sich dort einem Gentest unterzogen, er musste noch auf sein Ergebnis warten. So viel Geduld hatte Uwe leider nicht; als er von seiner Bekannten erfuhr, dass ich Beratung über die Zukunft anbiete, kam er sofort zu mir.

Wie ich vorhin erwähnte, gehört Uwe dem Wasserelement an; das Feuer- Element, welches das Herz symbolisiert, war in seinem Geburtshoroskop von Wasser-Energie stark bedroht. Ab 2007 durchlief in seinem Leben noch zehn Jahre lang die Wasser-Energie, dadurch würde das wenige Feuer, das schon stark beschädigt wurde, beinahe gelöscht. Kein Wunder, dass er Herzprobleme hatte.

Ich erklärte Uwe, dass Stress ihm nicht gut tut. Er solle aktiv mit den Ärzten kooperieren und sich behandeln lassen.

Im Hinblick auf das Prinzip des Fünfelementes steht das Feuer-Element in diesem Zusammenhang auch für Geld und Reichtum. Mir war aufgefallen, dass Uwe dazu tendierte, viel Geld zu gewinnen und es auch schnell wieder zu verlieren. Besonders im Jahr 2001 und 2002 hatte er das Geldverlustrisiko in großen Maßen. Danach fragte ich ihn.

Uwe senkte leicht seinen Kopf, und er wirkte sehr bedrückt. Die folgende Geschichte, die er erzählte, haute mich fast vom Hocker: Uwe hatte in den neunziger Jahren angefangen, mit Aktien zu handeln. Er hatte sein Haus als Pfand an die Bank gegeben und dafür eine halbe Million Deutsche Mark als Kredit bekommen. Statt sein Haus zu sanieren hatte Uwe das Geld als Kapital benutzt und hat alles in Aktien investiert. Anfangs lief alles gut, in kurzer Zeit hatte er seine Investition verdoppelt und die Tendenz stieg. 2001 brach der Börsencrash in der Welt aus; über Nacht hatte er eine halbe Million Mark weniger. Um seinen Verlust zurückzuholen, kaufte Uwe viele Aktien, die fast im Keller lagen, wieder ein, in der Hoffnung, dass sie eines Tages wieder steigen.

»Kennst du nicht dieses Sprichwort, dass man ein fallendes Messer nicht anfassen soll?« Ich unterbrach kurz seine Worte.

»Ich kenne das gut«, entgegnete Uwe. »Aber statt auf die Bremse zu treten, habe ich all das Geld in die Aktien gesteckt. Meine Gier hat mich in den Ruin getrieben. Innerhalb von ein paar Monaten habe ich zwei Millionen Mark verloren. Ich war total pleite.« Uwes Stimme war leicht zitterig, als er das erzählte, es war schon ein paar Jahre her, aber der Schmerz saß noch tief in ihm.

»Ich habe eine Zeit lang nur an Selbstmord gedacht, ich kann das alles nicht verkraften.« Uwe atmete tief durch und sprach weiter: »Durch die Unterstützung meiner Familie und meiner Frau, auch durch die psychologische Hilfe eines Fachmannes, bin ich endlich aus dem Tief gekommen. Es hat ein halbes Jahr gedauert, bis ich meine Selbstmordgedanken los war.«

Ich hatte volles Mitleid und Mitgefühl für Uwe, man kann sich vorstellen, wie schmerzhaft es für die Betroffenen sein musste. Ich versuchte ihn mit einem lockeren Ton zu beruhigen: »Betrachte das Geld als Papier, dadurch fühlst du dich vielleicht etwas besser.«

»So ist es«, sagte Uwe. »Im Laufe der Jahre habe ich gelernt, dass Geld nur Papier ist. Heute spiele ich nicht mehr mit Aktien, ich habe eine Umschulung zum Kaufmann gemacht.«

Wie er sich das Leben nehmen wollte, bekam ich auch bestätigt, hier möchte ich aber nicht darüber sprechen, weil es doch sehr gruselig ist. Das wichtigste ist, dass Uwe heute langsam von den Schmerzen befreit ist.

Pessimisten

In den vergangenen Jahren habe ich viele astrologische Beratungen gemacht und zahlreiche Gespräche geführt. Inzwischen habe ich viele nette Menschen kennengelernt, die mich immer wieder bestätigen und beflügeln. Ihr Lob, ihre Anerkennung und ihre Unterstützung spornen mich noch mehr an, mit der Astrologie weiterzumachen. Dafür bin ich sehr dankbar, dass Gott mir so eine Begabung geschenkt hat, dass ich den Menschen über spirituelle Ebenen helfen kann.

Das Leben ist leider nicht immer Friede, Freude, Eierkuchen. Ich werde hin und wieder mit Leuten konfrontiert, die sehr negativ eingestellt sind. Die sind schwermütig, misstrauisch, und sehen alles schwarz.

Vor ein paar Jahren beriet ich eine Frau, die ihre Geburtsuhrzeit nicht kannte. Es sprang mir sofort in die Augen, dass sie eine starke Unfallgefahr hatte. Darauf wies ich sie hin und riet ihr in Zukunft allgemein vorsichtig zu sein. Da lachte ihre Tochter und bestätigte: »Meine Mutter hat in den vergangenen Jahren immer wieder Unfälle gebaut, sie hat sich unzählige Verletzungen zugezogen.«

Ein paar Monate später verletzte sich die Frau unglücklicherweise wieder. Sie hatte mit einer Hand die Autotür zugeschlagen, während sie sich mit der anderen Hand am Autorahmen festhielt. Sie hatte höllische Schmerzen.

Einige Zeit später, als sie mich wieder traf, meinte sie so etwas wie: Hättest du es nicht gesagt, wäre es nicht passiert.

War ich etwa daran schuld? Ich war sprachlos.

Am 20. April 2014 rief meine Mutter mich an, sie erzählte am Telefon, dass sich eine Schwester von mir vorhin bei der Hausarbeit am Kopf verletzt hat, sie musste ins Krankhaus fahren und sich die Wunden nähen lassen.

Ich überlegte kurz und sagte zu meiner Mutter, dass es heute zwischen 9.00 und 13.00 Uhr keine gute Zeit für meine Schwester war. Da erzählte meine Mutter, dass es gegen 9.00 Uhr zu diesem fürchterlichen Vorfall gekommen war, um 13.00 Uhr waren alle Strapazen zu Ende und meine Schwester kam wieder aus dem Krankhaus nach Hause.

Ein Unglück kommt selten allein. Indirekt riet ich meiner Schwester, in nächster Zeit mehr auf sich zu achten, denn diese Unfallphase war für sie noch nicht vorbei.

Eine Woche später rief ich meine Mutter an und erfuhr, dass in der vergangenen Woche sich dieselbe Schwester diesmal am Bein verletzt hatte. Sie schien mir die Schuld zu geben, weil ich vorher wahr sagte.

Das traf mich tief. Darüber fühlte ich mich sehr enttäuscht. Wir vertrugen uns jedoch schnell wieder, ich konnte es ihr nicht übel nehmen.

So ist es im Leben. Oft geben wir anderen die Schuld daran, wenn etwas in unserem Leben schiefläuft. Aber es gibt keine Schuldigen. Alles geschieht zur richtigen Zeit und am richtigen Ort.

Im Mai 2014 beriet ich jemanden, den ich flüchtig kannte. Ich erklärte: »2011 war kein gutes Jahr für dich, du hast Konflikte mit deinem Chef gehabt und deinem Vater ging es auch nicht gut.« Er bestätigte meine Worte und sagte: »Mein Vater ist in diesem Jahr gestorben und ich habe mir einen neuen Job gesucht.«

»2015 musstest du noch ein bisschen durchhalten, weil es dem Jahr 2011 ähnelt, aber es ist gar nicht so schlimm …«

Da wurde der Mann plötzlich kreideweiß: »Nicht schon wieder«, sagte er laut. Kurz danach war ihm sein eigenes Verhalten ein bisschen peinlich, er lächelte mich an und sagte: »Weißt du, dass du dunkle Orakel machst, ich komme nicht mehr.«

Vielleicht hatte das der Mann nur spaßeshalber so gesagt, denn er war danach noch öfter bei mir, um sich Rat und Trost zu holen, aber seine Worte klangen für mich in diesen Moment sehr unangenehm. Ich wäre glücklich, wenn mir jemand vorher die Wahrheit sagt. Ich wäre so dankbar, wenn jemand mich vor etwas Schlimmem warnt. Durch so eine Warnung würde ich vorsichtig sein und vorbeugende Maßnahmen ergreifen, damit ich das Risiko oder eine Gefahr minimieren oder sogar verhindern könnte. Ich könnte mich nicht genug dafür bedanken, denn manchmal geht es um Leben und Tod.

Im Laufe der Jahre habe ich erkannt, dass Leute mit so einer Haltung meistens pessimistisch veranlagt sind. Sie sind skeptisch und melancholisch, sie haben Angst vor ihrem eigenen Schatten. Dunkle Gedanken spuken in ihrem Kopf herum, sie sind so beschäftigt mit ihren Problemen, dass sie nicht im Hier und Jetzt leben können. Die meisten Unfälle passieren, weil die betroffene Person unachtsam und gedanklich woanders ist. Er war zwar körperlich vor Ort, geistig jedoch abwesend. Diese Leute haben es im Leben auch schwerer. Manchmal überlege ich, ob es angebracht wäre, nur Gutes und Nettes zu sagen. Aber es fällt mir schwer, solche kleinen »Lügengeschichten« aufzutischen, außerdem ist es auch gegen meine Moralvorstellung. Ein fundierter Astrologe soll nicht anderen zu Gefallen reden und bewusst die Unwahrheit sagen, denn irgendwann kommt die Wahrheit ans Tageslicht und der Bumerang kommt zurück. Dennoch nahm ich mir vor, in der Zukunft mehr Positives oder nur Positives zu berichten, denn was die Menschen brauchen, ist keine Astrologie, sondern ein Freude bereitender Zuhörer.

Ich habe schon mal einen extremen Fall erlebt, der eine unangenehme Erinnerung hervorruft. 2010 war ein Mann bei mir, um einen allgemeinen Rat zu holen. Er wurde am 4. Juli 1965 um 5.30 Uhr geboren. Aus astrologischer Sicht hatte er im Jahr 2011 einen starken Unfall-Aspekt, ich wies ihn darauf hin, dass er sich in Acht nehmen soll. Auf meine Warnung zuckte er die Schultern und sagte, dass er bis jetzt noch nie einen Unfall gehabt habe.

Im Winter 2011 hatte der junge Mann einen schweren Skiunfall erlitten, sein ganzer Rücken war gebrochen. Acht Monate lang musste er im Bett liegen. Später, als er mich auf der Straße sah, ging er mir absichtlich aus dem Weg. Sein Verhalten machte mich traurig, ärgerlich und entmutigte mich. Ich habe anderen immer das Beste gewünscht, im Endeffekt hatte mir meine Gutmütigkeit nur Undank eingebracht. Ich war einige Zeit ins Grübeln geraten.

Mir ist bewusst, dass unter Umständen nicht alle meinen Rat nett finden, aber das ist auch ok. Die Menschen sind nun mal so, einerseits möchten sie den Schleier gelüftet bekommen, andererseits fürchten sie sich vor der Wahrheit. Dass aber jemand die Astrologie mit schwarzer Magie in Verbindung bringen wollte oder sie der Hexerei bezichtigt, das würde ich nicht so stehen lassen oder zulassen. Hätte ich es vorher nicht gesagt, würde es trotzdem so passieren. Ich bin nur eine Dolmetscherin, die den Seelenplan übersetzt. Was passieren muss, muss passieren.

Vor kurzem bin ich zufällig auf einen Artikel gestoßen, der mich sehr beeindruckt hat. Die Überschrift des Artikels hieß: Die Botin aus dem Himmel. Die kurze Geschichte lautet wie folgt: In einem kleinen Dorf wohnten viele böse Menschen und Übeltäter. Um die Menschen zu bestrafen, beschloss das Oberhaupt der Himmel, dass das ganze Dorf überflutet wird. Um noch ein paar nette Menschen in dem Dorf zu retten, schickte der Himmel eine Botin zu dem Dorf, die als Bettlerin getarnt war. Sie klopfte an die Haustüren. Die wenigen, die ihr ein bisschen Essen gaben, ließ sie wissen, dass das Dorf in absehbarer Zeit überschwemmt werden würde und sie die Flucht ergreifen sollten. Nur diejenigen, die das glaubten, konnten sich aus der Gefahr retten.

Diese kleine Geschichte ist sehr einleuchtend und ermutigend, sie ist auch sehr belehrend und aufschlussreich, daraufhin ist all mein Grübeln verschwunden. Mir ist klar, ich habe getan, was ich tun kann; jemand da oben hat diese Leute zu mir geführt, um ihnen noch eine Chance zu geben, nehme ich an. Wer die nötige Hilfe nicht annimmt, muss schließlich und endlich mit den Folgen rechnen.

Aber mir ist auch klar: Niemand auf der Welt wollte freiwillig unglücklich sein und sich emotionales Leid erschaffen. Sie haben bloß die Rolle zugeteilt bekommen, eine negativ denkende Person darzustellen. Jeder ist so, wie er ist. Niemand konnte etwas dafür. Wenn wir diese Erkenntnis in unsere Köpfe bekommen könnten, könnten wir jedem mit Liebe begegnen.

Er lebt in zwei Welten

In unserem Bekanntenkreis gibt es einen Jungen, der Kai heißt. Kai ist blond und blauäugig, ein sehr hübscher intelligenter Junge. Als ich damals nach Deutschland kam, war er gerade mal acht Jahre alt; ich habe quasi miterlebt, wie er gewachsen und groß geworden ist; mit der Zeit ist er mir sehr ans Herz gewachsen.

Jetzt lebe ich schon zwanzig Jahre in Deutschland. Kai ist erwachsen geworden. Aber seit mehr als fünfzehn Jahren bereitet Kai seiner Familie endlos Sorgen und Kummer. Er ist über dreißig, aber das Wort Arbeit ist ihm vollkommen fremd. Inzwischen hat er schon zwei Ehen hinter sich und zwei Kinder in die Welt gesetzt. Kai übernimmt keine Verantwortung für die Familie, für ihn zählen nur Alkohol, Drogen und Spielen.

Seine Mutter ist verzweifelt, sie versucht alles, um ihrem Sohn zu helfen, aber es hat nichts gebracht. Als Kai 20 Jahre alt war, ist seine Mutter eines Tages erwartungsvoll zu mir gekommen; sie wollte wissen, wie die Zukunft ihres Sohnes ausschaut, wann er aus dieser Krise und dem Sumpf herauskommen würde.

Kai wurde am 21. Mai 1981 um 10.55 Uhr geboren. Von den Fünf-Elementen ist er dem Metall-Element zugeordnet. In seinem Geburtshoroskop sind reichliche Feuer-Energien vorhanden, die in diesem Zusammenhang den Dämonen »Killer« bedeuten. Dadurch wird die Metall-Energie ernstlich bedroht und direkt beschädigt. Ich muss leider feststellen, dass diese Leidensphase für Kai insgesamt 30 Jahre dauern würde, wenn er durchhalten kann. Das heißt, Kai ist von 16 bis 46 nicht mehr Herr der Sinne.

Die Mutter war fix und fertig, ich spürte deutlich ihre Enttäuschung. Sie stellte sich eine Frage, die gleichzeitig auch eine Antwort ist: »Das bedeutet, dass das ganze Leben meines Sohnes Pfusch ist?!«

Es blieb mir nichts anderes übrig, als mit »ja« zu antworten, weil Kai von der geistigen Welt so »angefertigt« war. Jeder hat sein eigenes Schicksal, jeder hat seine persönliche Rolle. Mancher ist lebenslang von Glück umzingelt, mancher muss bedauerlicherweise oft leiden oder einen holprigen Weg betreten. Verständlicherweise wollte ich was Schönes über Kai erzählen, allerdings würde das nichts bringen, denn es entsprach nicht der Wahrheit. Die Familie würde tagtäglich von der Realität eingeholt werden und immer wieder Schmerz und Enttäuschungen erleben müssen.

Jetzt war es schon 15 Jahre hier, in dieser Zeit wurde Kai unzähligen Behandlungen unterzogen. Er war bei Psychiatern und hat sogar mehrere Aufenthalte in Kliniken gegen seinen Willen verbracht. Er sollte eine Menge Tabletten schlucken, die er grundsätzlich verweigerte.

Vor ein paar Jahren nahm ich an einem Weihnachtsfest mit Bekannten teil, da traf ich zufällig Kai. Ausnahmsweise war er dieses Mal nüchtern, er wirkte nicht so verwirrt wie sonst immer. Ich nutzte diese Gelegenheit und führte ein Gespräch mit ihm. Kai bestätigte meine Aussagen. Er konnte sich noch genau erinnern, wie er damals zum ersten Mal »Geister« gesehen hatte: Im Sommer 1996, als Kai 16 Jahre alt war, hatte er eines Tages in der Dämmerung gesehen, dass ein »Mann« hinter seiner Wohnzimmertür stand, während er allein auf dem Sofa saß. Seitdem ging sein Leben bergab. Er begann, Geister zu sehen und Stimmen zu hören. An manchen Tagen unterhielt sich Kai mit seinen außerirdischen Freunden und an anderen Tagen kämpfte er gegen seine außerirdischen Feinde. Es klang total irre.

Ich wusste, dass Kai hellsichtige Fähigkeiten besaß, aber andauernd Geister zu Gesicht zu bekommen oder zu hören, das wäre für mich zu viel. Es ist schwer zu sagen, ob alles durch Drogen entstand oder ob er deshalb Drogen nahm.

Herbst 2013. Die Mutter von Kai musste für paar Tage verreisen. Vorher fragte sie uns, ob mein Mann und ich während ihrer Abwesenheit auf Kai aufpassen können. Selbstverständlich übernahmen wir diese Aufgabe.

Drei Tage später fuhr mein Mann mit dem täglichen Bedarf in der Hand zu Kai. Minutenlang klingelte und klopfte mein Mann an der Tür, bis Kai sie endlich aufmachte.

Kai steckte seinen Kopf aus der Tür und schaute meinen Mann verwirrt an, seine Augen waren trüb, sein Haar war strubblig. Er stand völlig neben sich und erkannte nicht, wer vor ihm war. Als er doch halbwegs meinen Mann wahrgenommen hatte, drückte er seinen Zeigefinger an den Mund und flüsterte: »Psst, sei leiser, meine Wohnung ist voller Gäste, momentan bin ich sehr beschäftigt, ich empfange gerade meine internationalen Gäste, Gäste aus Amerika, England und vielen anderen Ländern.«

Mein Mann trat ein und sah sich um, da war jedoch niemand zu sehen. Die Wohnung war eine Katastrophe und es stank nach Müll. Kai nahm Platz auf dem Sofa und fing an, laut zu reden. Er bewegte seine Hände und Füße und führte ein heißes Gespräch mit seinen »Gästen«.

Es war für meinen Mann zu viel, es war ziemlich gruselig. Er drückte den Beutel voller Lebensmittel in Kais Hand und ergriff sofort die Flucht.

Im Nachhinein erzählte uns Kais Mutter, dass im Schlafzimmer ihres Sohnes überall kleine Zettel hingen, die an Außerirdische gerichtet waren. Es waren Nachrichten und Botschaften für andere Planeten, entweder schöne Grüße an Außerirdische oder Eintrittsverbote für manche Eindringlinge.

In den Augen vieler Menschen ist Kai total irre und verrückt, jedoch kann ich sein Benehmen gut nachvollziehen. Kai ist nun mal so, er nimmt die geistige Welt wahr. Er lebt in zwei Welten, die für ihn parallel existieren. Kai hat ständig Angst, an manchen Tagen ist sein Leben wie ein 24-Stunden-Horror-Film und er befindet sich mittendrin.

Der Film »The sixth Sense« mit Bruce Willis hat gezeigt, dass es kein Einzelfall ist. Die Rolle des kleinen Darstellers in dem Film ist Kai wie auf den Leib geschrieben. Die Panikattacken, die ständigen Angstgefühle und die tiefe Furcht begleiten ihn tagtäglich und treiben ihn in den Wahnsinn.

Ich habe den Film Kais Mutter empfohlen, in der Hoffnung, dass sie dadurch ihren Sohn besser versteht.

Nicht alles immer auf die Eltern schieben

Ich selbst habe eine kleine Familie, aber die Geschwister meines Mannes haben alle mehrere Kinder und große Familien. 2004, drei Jahre nachdem ich mich das erste Mal mit der Astrologie beschäftigt hatte, nahm ich mir vor, ein Horoskop für alle Kinder in der Verwandtenschaft zu erstellen, um festzustellen, ob die Vorhersagen für die Familienmitglieder im Laufe der Jahre eintreffen.

Eine, die zweite Tochter meiner Schwägerin, ist mir besonders aufgefallen. Ihre astrologische Kombination hat mich sehr beunruhigt. Das Mädchen heißt Linda, sie wurde am 07. Oktober 1999 um 9.09 Uhr geboren. Sie ist dem Element Metall zugeordnet. Ich musste leider feststellen, dass das Element Erde in ihrem Geburtshoroskop stark beschädigt ist. Dementsprechend sind folgende mögliche Krankheits-Dispositionen: Diabetes, Magen- und Speiseröhrenkrankheiten, alle Nasenerkrankungen … Besonders ab 2007, da steht für Linda eine schlechte Phase bevor, das heißt, dass sie unter schlimmeren Gesundheitsproblemen leiden würde.

Ich teilte meine Besorgnis meinem Mann mit, in der Hoffnung, dass er seiner Schwester eine kleine Warnung zuschickt und das Mädchen frühzeitig vorbeugen kann.

Statt Unterstützung von meinem Mann zu bekommen, erntete ich dieses Mal ausnahmsweise leider nur »Hohngelächter«. Mein Mann nahm meine Worte überhaupt nicht ernst. Er konnte sich nicht im Traum vorstellen, dass ein kleines Kind, das damals gerade fünf Jahre alt war, an einer Krankheit leidet, geschweige denn an Diabetes. »Das ist eine Krankheit für alte und dicke Leute, es ist unmöglich, dass ein kleines Mädchen an so was erkrankt«, behauptete mein Mann. Er versuchte mich von seiner Theorie zu überzeugen.

Dennoch rief ich meine Schwägerin an. Um mir noch so eine Kritik zu ersparen, wies ich nur auf die Ernährung ihrer Tochter hin. Mir war auch klar, was passieren muss, muss passieren. Es liegt nicht in der Hand der normalen Sterblichen.

Drei Jahre später, im Jahr 2007, stellte der Arzt bei Linda fest, dass sie an Diabetes erkrankt war, es war Diabetes eins. Seitdem musste sich das Mädchen täglich mehrmals spitzen, sie musste auch lernen, mit ihrer Ernährung umzugehen. Es begann für Linda eine lange Leidensphase.

Im zweiten Fall geht es um eine meiner Nichten namens Laura. Laura wurde am 13. September 2001 um 12.00 Uhr geboren. Sie hat es im Leben auch nicht leicht, weil ihre astrologische Konstellation viel zu wünschen übrig lässt. Ich habe beobachtet, dass viele Menschen, die eine ähnliche Konstellation wie Laura haben, Magenprobleme haben oder an Magersucht leiden.

Das Mädchen wuchs schnell. Im Laufe der Jahre war mir auch nichts Schlimmes aufgefallen, außer dass sie beim Essen sehr wählerisch war. Einmal, bei einem Mittagessen mit den Verwandten, beobachtete ich, dass Laura dauernd zur Toilette rannte; und später erzählte sie mir, dass es in ihrer Klasse modern ist, nach der Mahlzeit wieder zu brechen, was für sie gar nicht in Frage kommt, zur Freude ihrer Mutter.

Ich weiß nicht, ob das Mädchen eine Notlüge herbeizauberte, seitdem warf ich ein Auge auf sie.

Mit der Zeit fiel mir auf, dass Laura jedes Mal eine dicke Jacke und eine lange Hose anhatte, und sie war wesentlich kleiner und dünner als ihre Mitschüler. Im Sommer 2013 hatten wir wieder so ein Familientreffen, inzwischen war Laura schon zwölf Jahre alt, sie hatte wie immer dieselbe Jacke an und statt einer langen Hose, die sie immer trug, hatte sie dieses Mal einen kurzen Rock an. Als ich sie sah, musste ich automatisch an die Models mit den spindeldürren Beinen denken. Laura wirkte nämlich sehr zart und dünn.

Daraufhin sprachen wir ihre Mutter an, sie gab sofort zu, dass ihre Tochter gerade mal 30 Kilo wog, wesentlich weniger als die gleichaltrigen Kinder. Laura »vergaß« manchmal ihre tägliche Mahlzeit. Wenn sie Heißhunger hatte, stopfte sie aber alles in sich hinein. Mutter und Tochter waren schon beim Arzt, aber der konnte nichts Schlimmes bei Laura feststellen. Die Mutter war im Moment machtlos. Ihre Tochter war zeitweise am Rand der Magersucht.

Ich schreibe dieses Kapitel, um meine Aussage zu untermauern. Ich erlebe oft, dass die betroffenen Eltern von der Gesellschaft als Sündenbock dargestellt werden, wenn etwas Schlimmes mit den Kindern geschieht. Oft werden die Eltern an den Pranger gestellt, wenn ihre Kinder eine schlechte Kindheit haben. So wie ich damals die Schuld bei meinem Eltern gesucht hatte, weil ich als Kind so leiden musste. Heute verstehe ich, dass es mit meinem Eltern nichts zu tun hat, es liegt an meinem Schicksal. Hätte ich die schlechte Phase als Kind nicht erlebt, würde ich sie als Erwachsene oder im hohen Alter erleben müssen. Wenn man den Lauf des Lebens versteht, würde man auch gern alles, so, wie es ist, akzeptieren.

Hier möchte ich die Eltern ein wenig in Schutz nehmen und sagen, dass sie kaum Mitschuld haben. Wir können nur einen kleinen Teil beisteuern, um die Leiden unserer Kinder zu vermindern. Im Großen und Ganzen sind wir machtlos, wir sind noch nicht so weit, das Schicksal zu verändern oder gegenzusteuern.

Kündigung

Nicht weit von uns befindet sich ein Zwei-Sterne-Hotel, das zu einer großen Hotelkette gehört. Jede Silvesternacht, wenn meine Familie und ich draußen beim Knallen zuschauen, kommt der Chef des Hotels mit seinem kleinen Sohn lächelnd zu uns. Wir schütteln uns die Hände und wünschen uns gegenseitig Glück für das kommende Jahr. Mit der Zeit hat sich mein Mann mit dem Hotelchef eng angefreundet.

Sein Name ist Gerd. Er ist sehr höflich und zuvorkommend. In der Freizeit geht mein Mann gern dorthin, um den Rasen zu mähen oder eine kaputte Lampe zu reparieren, dafür nimmt er keinen Pfennig, deshalb ist mein Mann auch ein willkommener Besucher.

Die beiden unterhalten sich gern miteinander und beschweren sich oft über das System in Deutschland, das den Mittelstand häufig an Rand des Ruins treibt, und darüber, dass Selbstständige immer mehr um ihre Existenz fürchten müssen. Einer der Mitarbeiter erzählte meinem Mann, dass er schon mal beobachtet hat, wie Gerd in der Ecke saß und weinte, weil sein Hotel seit längerer Zeit fast immer leer war. Dieses Hotel hat 80 Zimmer, an dem besagten Tag waren gerade sechs Zimmer besetzt. Der Lohn von Gerd hängt mit der Zahl der Gäste zusammen. Je weniger Hotelgäste, desto weniger verdient er, aber die Putzfrau, das Personal und die laufenden Kosten müssen weiterhin bezahlt werden. Mir wurde gesagt, dass Gerd eine Viertelmillion Euro Schulden mit diesem Hotel gemacht hat, was wir sehr schwer glauben können, weil das Hotel manchmal auch ein volles Haus hat.

Später erfuhr ich noch, dass Gerd schon seit ein paar Jahren geschieden ist, angeblich hat er seine Frau geschlagen, was ich mir nicht vorstellen kann.

Im August 2013 besuchte mein Mann Gerd wieder und ich war auch dabei. Aus Neugier drückte Gerd sein Geburtsdatum in meine Hand und verlangte, dass er nur was Gutes über sich hören wollte.

Der Gerd, den ich kenne, ist eine nette Person. Aber an diesem Tag war er stark betrunken und konnte sich kaum noch auf den Beinen halten. Sein Alkoholrausch, den man von weiten riechen konnte, störte mich total. Wie kann man in so einem Zustand Gäste empfangen; kein Wunder, dass das Hotel so schlecht läuft, dachte ich. Mein Mann flüsterte in mein Ohr, dass sich Gerd schon seit langer Zeit in so einem Zustand befand.

Gerd wurde am 24. November 1970 um 8.11 Uhr geboren, er ist von den fünf Elementen dem Metall-Element zugeordnet. Ein Blick auf sein Horoskop erklärte mir, warum es ihm nicht gut ging. Ich wunderte mich, dass er überhaupt noch einen Job hatte, denn seine astrologische Konstellation war eine Katastrophe. Er musste froh sein, dass er überhaupt ein Dach über dem Kopf hatte; ihm wurden momentan viele Stolpersteine in den Weg gelegt, er hatte kein leichtes Leben. Es war höchste Zeit, dass er sich über seine Existenz Gedanken machte. Wenn er sich weiter so aufführte, würde er bald seine Arbeit und das Dach über dem Kopf los.

Das folgende, das wir hörten und miterlebten, verschlug uns fast die Sprache: Eines Tages, wie verabredet, ging mein Mann zu Gerd ins Hotel und er sollte ihm bei einer Kücheninstallation helfen. Mein Mann glaubte seinen Augen nicht, als er Gerd sah: Die Zimmertür war weit offen, Gerd lag im Bett, stinkbesoffen. Die Tageseinnahmen vom vorigen Tag und mehrere tausend Euro Bargeld lagen verstreut überall auf dem Tisch und Boden. Als mein Mann Gerd wachrüttelte, wusste er von nichts mehr.

Weihnachten 2013. Aus einer Laune heraus schrieb Gerd seine Kündigung und schickte sie zur Zentrale. Als er nüchtern war, war er zu stolz, um seine Kündigung zurückzunehmen.

10. Februar 2014. Es kamen zwei ungünstige Tage für viele Metallmenschen. Ich sagte zu meinen Mann, dass Gerd nicht bei Sinnen sei, er würde was Unüberlegtes tun. Am nächsten Tag erfuhren wir, dass Gerd mitten in der Nacht eine Mitarbeiterin mehrere Male angerufen und sexuell belästigt hatte. Einen Tag später, bei einem Polizeieinsatz im Hotel, fasste Gerd an den Hintern einer Polizistin. Ungeachtet wiederholter Warnungen hat er es immer wieder versucht, dafür bekam er eine Anzeige und 2.500 Euro Geldstrafe.

Solche schockierenden Geschichten von Gerd waren an der Tagesordnung, man konnte zusehen, wie er abglitt. Nichts konnte ihm noch helfen. Mitte März 2014 wurde sein Nachfolger angekündigt, somit war Gerds Kündigung auch unter Dach und Fach. Mitte April 2014 musste Gerd seine Koffer packen und das Hotel verlassen.

Gerd wirkte ruhig und gelassen, als er seine Entlassung bekam. Es sah so aus, als ob er wusste, dass dies früher oder später eintreten würde. Er wurde arbeitslos und musste sich eine neue Unterkunft suchen. Darüber schien Gerd erleichtert: »Ich werde demnächst Hartz-IV-Empfänger werden, meine Schulden werde ich auch bald los, so schlecht wird es mir nicht mehr gehen.«

Krankheiten

2007 hatte ich mir in dem Kopf gesetzt, Heilpraktikerin zu werden. Ich wollte unbedingt Menschen helfen und einen kleinen Teil beitragen, Leid und Schmerz einiger Menschen zu lindern.

Ein Satz aus meinem Lehrbuch hat mich zum Nachdenken gebracht: Über viele Phänomene tappen die Ärzte oft im Dunkeln. Zum Beispiel wissen die Ärzte nicht, warum manche Krankheiten zwei Jahre lang andauern oder warum die Krankheit dann Jahrzehnte später wieder ausbricht.

Solch eine Frage kann ich aber genau beantworten und erklären. In der Welt der Astrologie bin ich in meinem Element. Währenddessen meldet sich meine innere Stimme und flüsterte mir ins Ohr: Schuster, bleib bei deinem Leisten! Deshalb habe ich meinen Wunsch zur Heilpraktikerin aufgegeben und habe mich ganz der Astrologie gewidmet.

Natürlich kann niemand einen Arzt ersetzen. Laut Gesetz muss ich meinen Klienten darauf hinweisen, dass die Gesundheit aus der Sicht der Astrologie nicht den Besuch beim Arzt oder Heilpraktiker ersetzt. Ich bin der Meinung, man sollte zum Arzt gehen und sich behandeln lassen, wenn man krankt ist. Wenn der Arzt ratlos ist, dann kann man einen guten Astrologen aufsuchen und sich von ihm einen Hinweis holen. Außerdem basiert die chinesische Medizin auf den fünf Elementen, welche der Grundbaustein der chinesischen Astrologie sind.

2009 habe ich zum ersten Mal annonciert, um herauszufinden, wie viele Leute sich für die Astrologie interessieren. Es haben sich gerade einmal zwei Frauen gemeldet. Die eine habe ich persönlich beraten. Sie war 29 Jahre alt und wollte wissen, wie es in ihrer Beziehung weitergeht. Ich fand anhand ihres Horoskopes heraus, dass es Wichtigeres als ihre Beziehung zu klären gäbe. Ich warnte sie vor einem möglichen Schlaganfall. Ihre Antwort war schockierend: »Ich bin gestern aus dem Krankenhaus entlassen worden. Vor zwei Wochen bin ich aufgrund eines Schlaganfalls ins Krankenhaus eingeliefert worden.«

Ich war selbst sprachlos und ein bisschen gruselig fand ich es auch, auch wenn unzählig viele Fälle solcher Art existieren.

Ende 2013 wurde eines Abends eine informative Medizinsendung im Fernsehen ausgestrahlt. Es handelte sich um einen kleinen Jungen, der kaum Luft bekam. Als die Moderatorin sein Geburtsdatum am Anfang der Sendung verriet, war mir sofort klar, dass der kleine Patient Magenprobleme hatte. Unzählige Operationen musste er über sich ergehen lassen. Letzten Endes, nach jahrelanger Tortur, hatte der Arzt herausgefunden, dass es tatsächlich am Magen lag und er mit Tabletten das Problem ganz leicht lösen konnte.

Manchmal ist es möglich, genau »umgekehrt« zu rechnen. Das Symptom verrät teilweise, wann man geboren wurde, so wie der nächste Fall: Ende 2012 hatten wir zu Hause einen Heizungsausfall. Der anwesende Monteur trug ein Hörgerät. Da er Ende 20 sein konnte, rechnete ich, dass er 1984 geboren sein musste und vom Sternzeichen Stier oder Widder war. Die Menschen, die in dieser Zeit geboren wurden, haben meist eine schwache Wasserenergie, welche unter anderem auf Taubheit oder Tinnitus hindeutet. Wenn der Tag, an dem man zur Welt kommt, noch ungünstig positioniert ist, leidet man oft an dieser Krankheit. Der Monteur konnte meine Aussage bestätigen. Er wurde am 11. April 1984 geboren.

Ich kenne viele Menschen, welche nach Aussage des Arztes nur noch wenige Monate zu leben haben. Bei manchen ist die Diagnose schon über 10 Jahre oder 20 Jahre her und die Leute leben immer noch. Manche sind wieder so fit, als wären sie nie krank gewesen. Es gibt auch ein anderes Bild: Manche strotzen vor Kraft und Energie, urplötzlich erliegen sie etwas Unerklärlichem.

Solche Fälle, die mich zum Nachdenken bewegen, kommen mir immer wieder unter die Augen. Es gibt viele Dinge auf der Welt, die man mit menschlichem Verstand nicht begründen kann, auch unsere Gesundheit. Bedauerlicherweise liebäugelt der Verstand ausschließlich mit der wissenschaftlichen Erklärung, die in vielerlei Hinsicht nicht unbedingt haltbar ist, statt nach einer Alternative zu suchen.

Gesundheit ist das wichtigste in unserem Leben, sie ist unser Kapital. Jeder muss sich mal im Laufe des Lebens einer »Reparatur« unterziehen. Keiner entgeht dem Thema Gesundheit. Unser Leben ist so kurz und deswegen so wertvoll. Mein größter Wunsch ist es, dass die Menschen so wenig wie möglich leiden. Was zählt, ist schließlich die Heilung, ob man es erklären kann oder nicht.

Leukämie

2007. Kurz vor Weihnachten. Es war draußen eiskalt und überall lag Schnee. Viele Leute erkrankten, meine Schwiegermutter war auch betroffen. Sie war sehr schwach und hatte hohes Fieber. Ich eilte zur Apotheke, um die vom Arzt verschriebenen Tabletten abzuholen.

In der Apotheke stand schon eine lange Schlange. Ich wartete geduldig, bis ich endlich dran war. Plötzlich hörte ich, wie jemand meinen Namen rief. Ich drehte mich um, ein Mann winkte mir zu, er war mir aber nicht bekannt. Der Fremde war mittelgroß, hatte eine Glatze und wirkte sehr blass. Als er merkte, dass ich ihn verwundert ansah, erklärte er mir: »Ich heiße Frank und du hast vor Jahren ein Horoskop für mich erstellt.«

Wie konnte ich nur diesen Frank vergessen. 2005 landete er zufällig bei mir. Er wurde am 05. September 1963 um 16.00 Uhr geboren. Frank sprach nicht viel und war sehr schüchtern. Ich erinnerte mich an ihn als eine introvertierte Person und wusste noch, was ich damals zu ihm sprach: »Du solltest dir nicht alles gefallen lassen, du sollst zu deiner eigenen Meinung stehen und nicht zu allem ja sagen.«

Er murmelte leise vor sich hin: »Ja, du hast recht. Ich werde es versuchen.«

Damals, als ich für ihn ein Horoskop erstellte, hatte ich das Gefühl, dass ein Stein auf meinem Herzen lag. Frank war von den fünf Elementen dem Feuer-Element zugeordnet. Seine astrologische Konstellation war mir sogleich negativ aufgefallen: Das Wasserelement in seinem Horoskop, das vornehmlich für Blut oder Nieren zuständig war, und das Metallelement, welches das Wasserelement bewirkte, waren sehr stark beschädigt. Mit einem Wort, Frank war in Gefahr, an Leukämie zu erkranken.

Ich war in ein Dilemma geraten und wusste nicht, wie ich mich ausdrücken sollte; unbewusst presste ich meine Lippen aufeinander und überlegte, wie ich ihm das beibringen könnte. Ich wollte aber keine Panik verbreiten.

»Gehst du öfters zum Arzt und lässt dein Blut abchecken?«, fragte ich ihn »beiläufig«.

»Natürlich. Ich habe einen schwankenden Blutdruck, deshalb gehe ich regelmäßig zum Arzt. Sonst bin ich sehr fit«, sagte er.

»2007 ist kein gutes Jahr für dich. Lass dich genauer vom Arzt untersuchen«, riet ich ihm.

Frank fragte mich, wann die Gefahr zu Ende gehen würde.

Es fiel mir sehr schwer, überhaupt etwas zu sagen. Ich log ihn an und sagte: »Ein Jahr später wird alles wieder besser.« Die Notlüge war hier angemessen, denn keiner würde die Wahrheit ertragen. Außerdem war der Arzt derjenige, der generell die schlimmsten Nachrichten überbringen musste, glaubte ich. Natürlich hatte ich noch die Hoffnung, dass er sich an seiner Geburtsuhrzeit geirrt habe.

Das Schicksal gewinnt immer. Dezember 2007 trafen wir uns wieder. Vor der Tür der Apotheke erzählte Frank mir seine herzzerreißende Geschichte.

Frank hatte meine Worte beherzigt und sich im Frühling 2007 einer kompletten Kontrolle unterzogen. Zum Glück war alles in Ordnung.

Eines Tages im November 2007 fing Frank plötzlich an zu husten, er fror, fühlte sich schwach, er hatte hohes Fieber und dauernd war ihm übel.

Frank dachte, es war wieder so eine Erkältung oder Grippe. Er ging zum Arzt, um sich Tabletten gegen seine Erkältung verschreiben zu lassen.

Aber die Medikamente halfen nicht, sein Zustand dauerte an, er fühlte sich total elend.

Ein paar Tage später, nach seinem neuerlichen Arztbesuch, bekam Frank einen Anruf mitten in der Nacht. Es war sein Hausarzt. Der Labortest war da, er hatte Leukämie, er musste dringend ins Krankenhaus kommen.

Es brach eine Welt für ihn zusammen. Nach einem Monat Chemotherapie verlor Frank alle seine Haare. Darum hatte ich ihn nicht sofort erkannt. Jetzt, eine Woche vor Weihnachten, hatte er Freigang bekommen. Es würde womöglich das letzte Weihnachten sein, das er mit seiner Familie würde verbringen können. Nach den Feiertagen musste er wieder ins Krankenhaus gehen und seine Behandlungen weiterführen.

Am Ende fragte er mich nach dem buddhistischen Glauben und wir redeten auch über die Wiedergeburt oder Inkarnation. Vielleicht ahnte er schon, dass sich seine letzte Stunde näherte.

Um ihn zu trösten, gab ich ihm meine wenigen Erkenntnisse über den Buddhismus weiter: Buddha zufolge befinden wir uns in einem endlosen Kreislauf von Tod und Wiedergeburt. Alles in der Welt ist vergänglich, alles entsteht und vergeht wieder. Aber der Tod bedeutet nicht das Ende des Lebens, sondern einen Neubeginn. Wenn wir die Tiefe der Wahrheit erkennen, verlieren wir auch die Angst.

Ich merkte, dass ich ein Lächeln in sein blasses Gesicht zauberte.

Ein paar Monate später hörte ich, dass Frank gestorben war. Nach dieser Nachricht hatte ich meine Astrologiebücher drei Monate lang nicht angerührt; ich fragte mich verzweifelt, ob es einen Sinn gibt, das Schicksal vorher zu erkennen.

Im Nachhinein bekam ich doch eine Erleuchtung: Das ist das Schicksal des Einzelnen. Die Rolle als Frank ist beendet, aber die Seele lebt weiter. Wir sollten nicht an der Vergänglichkeit festhalten und in unserer Trauer »ertrinken«, stattdessen sollten wir unser jetziges Leben schätzen und die Zukunft glücklich gestalten.

Melanie und der Lungenkrebs

Anfang 2006 gab mir eine Bekannte das Datum ihrer besten Freundin. Sie hatte so viel über mich erzählt, dass ihre Freundin auf Anhieb neugierig geworden war. Sie wollte durch mich einiges über ihr Schicksal erfahren.

Eines Nachmittages vereinbarten wir einen Termin und trafen uns in einem Café. Sie stellte sich zuerst vor, ihr Name war Melanie. Sie trug eine helle Jacke und einen roten Pullover. Melanie hatte schöne, große Augen, sah aber etwas blass aus. Sie legte ihre Tasche auf den Tisch und fing an, darin zu kramen, zum Schluss holte sie eine Schachtel Zigaretten aus der Tasche.

Wir nippten an unserem Kaffee, während ich ihr ein Horoskop erstellte. Melanie wurde am 28. Juni 1952 um 22.15 Uhr geboren. Nach den fünf Elementen war sie ein Feuer-Mensch. In ihrer Grundkonstellation fehlte das Metallelement, das vor allem dem Vater zugeordnet ist; außerdem war die Erde-Energie, welche die Metall-Energie bewirkt, auch stark beschädigt. Daraufhin sagte ich: »Die Chemie zwischen dir und deinem Vater stimmt leider nicht. Entweder hat er dich früh verlassen oder ist er schon längst gestorben.«

»So ist es«, entgegnete Melanie. »An dem Tag, als ich geboren wurde, ist mein Vater um 18 Uhr gestorben, drei Stunden später bin ich auf die Welt gekommen.«

»Du hast einen großen Liebesaspekt in den Jahren 1972, 1992 und 1993«, erzählte ich weiter. »Eine Hochzeit ist nicht auszuschließen.«

Melanie schien sehr verblüfft und antwortete: »Ja, 1972 habe ich geheiratet, und 1993 war ich zum zweiten Mal verheiratet.«

»Der Scheidungsgrund für die erste Ehe war, dass dein Ex-Mann fremdgegangen ist.« Von Anfang an wollte sie, dass ich ihr reinen Wein einschenkte.

Sie nickte stumm. Sie holte ihre dritte Zigarette aus der Schachtel und zündete sie an. Tief zog sie einmal an der Zigarette und atmete langsam den Rauch in die Luft.

»Apropos Zigarette«, sagte ich, »du solltest langsam überlegen, mit dem Rauchen aufzuhören, denn es besteht in diesem Jahr die Gefahr, dass du starke Lungenprobleme bekommen könntest. Es ist sinnvoll, dass du einmal zum Arzt gehst und deine Lunge komplett durchchecken lässt.«

»Ich überlege schon lange mit dem Rauchen aufzuhören«, sagte Melanie, die mir leicht aufgeregt am Tisch gegenübersaß. »Ein bis zwei Schachten Zigaretten am Tag sind zu viel für mich. Außerdem spüre ich bereits seit geraumer Zeit, dass etwas mit meiner Lunge nicht stimmt. Ich huste dauernd und fühle ständig ein Kratzen im Hals.«

Sie nahm meine Warnung sehr ernst und drückte die gerade angezündete Zigarette aus.

Nach unserem Gespräch eilte sie am nächsten Tag zum Arzt und ließ die Lunge durchchecken. Ein paar Wochen später rief sie mich an, ihr Testergebnis war da, alles war o.k. Die Ärzte hatten bei ihr keine ernsthaften Probleme festgestellt. Melanie hatte sich beruhigt und rauchte wieder weiter.

Ich wies Melanie am Telefon darauf hin, dass das Jahr 2008 wieder ein schlechtes Jahr für sie ist, sie sollte überlegen, sofort mit dem Rauchen aufzuhören und ihre Lunge zu schonen. Aber das Testergebnis vom Arzt war aussagekräftig, es stand schwarz auf weiß dort, dass alles bei ihr in Ordnung war, deshalb schienen meine Worte blass und wirkungslos zu sein.

Im Sommer 2008 fühlte sich Melanie auf einmal sehr schlecht. Sie hustete stark, die Schmerzen im Brustbereich verschlimmerten sich. Eine ärztliche Untersuchung war dringend vonnöten.

Dieses Mal wartete eine Hiobsbotschaft auf sie. Die Ärzte stellten bei ihr Lungenkrebs fest. Es war schon das Endstadium. An demselben Tag, als sie die Diagnose bekam, hörte sie auf zu rauchen.

Es war aber zu spät. Drei Monate später, am 15. November 2008 starb sie an Lungenkrebs.

Alzheimer

Vor Jahren gab es bei uns an der Ecke eine Videothek. Hin und wieder ging ich dorthin, um ein paar chinesische Filme auszuleihen. Dort traf ich den Besitzer, der Helmut hieß. Mit der Zeit lernten wir uns besser kennen.

Helmut war mittelgroß, hatte braun gebrannte Haut und kurze, silberne Haare. Sein Haar war sehr hell und auffällig, und es beunruhigte mich ein bisschen. Als Fachfrau erkannte ich anhand der Haarfarbe, dass Helmut schwache Holzenergie und eventuell Probleme mit dem Kopf hatte. Einmal scherzte ich mit ihm: »Ich glaube, du bist sehr vergesslich, kannst du dich noch an alle Filme erinnern, die du vorher geschaut hast?«

Da sagte Helmut: »Du hast recht, meine Frau meckert öfter, dass mein Gedächtnis wie ein Sieb ist.«

Sommer 2006. Eines Tages suchte Helmut mich auf. Er wollte, dass ich ein Horoskop für ihn erstelle.

Helmut wurde am 22. September 1955 um 17.00 Uhr geboren. Er war von den fünf Elementen dem Yin-Metall-Element zugeordnet. Eine Konstellation in seinem Horoskop ist mir besonders ins Auge gesprungen: Es hieß, das Jahr 2005 war sehr ungünstig für seine Ehe. Die überschüssige Metall-Energie bedrohte und raubte direkt die Holz-Energie, die sowohl für den Kopf als auch für die Frau zuständig ist.

Ich fragte Helmut: »Letztes Jahr hattest du Streit oder genauer gesagt Krieg mit deiner Frau gehabt, bist du fremdgegangen?«

»Ja«, seufzte Helmut. »Deshalb bin ich zu dir gekommen, um einen Rat einzuholen.« Helmut erzählte, dass er seit einiger Zeit eine Liebhaberin habe. »Nur fürs Bett«, betonte er. »Ich liebe nur meine Frau.«

Herbst 2005. Eines Tages am Wochenende führte er zu Hause ein heißes Telefongespräch mit seiner Geliebten. Durch seine Unachtsamkeit und Nachlässigkeit hatte seine Frau das ganze Gespräch mitbekommen. Weil die Lautsprecheranlage im Garten laut geschaltet war, hatten seine Frau und seine Tochter, die sich gerade im Garten befanden, mit anhören müssen, wie er mit seiner Geliebten heftig flirtete. Seine Frau rastete vor Wut aus und seine Tochter sprach kein Wort mehr mit ihm. Es herrschte kalter Krieg zu Hause, von Scheidung war sogar die Rede. Helmut wollte wissen, wann dieser Zustand zu Ende gehen würde, wann würde seine Frau sich beruhigen oder ihm verzeihen?

»Die schlimme Zeit war zwischen Herbst 2005 und Frühling 2006, du hast es quasi schon hinter dir«, versuchte ich ihn zu beruhigen. »Wenn du dich nicht scheiden lassen möchtest, bleibt die Ehe auch bestehen.«

Helmut war erleichtert und wirkte sehr glücklich, als er das hörte. Mit seiner Geliebten wollte er auch nichts mehr zu tun haben.

Das Wesentliche war geklärt worden. Was mir auch nicht gefiel, war, dass das Element Holz in seinem Horoskop stark beschädigt worden ist. Im Gesundheitshaus werden Leber, Galle, Nerven und Kopf dem Element Holz zugeordnet. In seinem Fall war der Kopfbereich davon betroffen, es besteht ein hohes Risiko, dass er an Alzheimer oder Demenz erkranken wird. Ab 2008 würde er noch vergesslicher werden, sein Zustand würde sich verschlechtern.

Geschickt brachte ich meine »Diagnose« rüber. Ich verlieh meiner Aussage Nachdruck und wies ihn darauf hin, dass er seine Vergesslichkeit nicht auf die leichte Schulter nehmen solle. Ein Gehirntraining oder eine Behandlung vom Facharzt seien empfehlenswert.

Zwei Jahre später war meine Befürchtung wahr geworden. Eines Tages im Herbst 2008 war Helmut unterwegs. Er war zuerst zur Bank gefahren. Statt die vereinbarten 7000 Euro für den Gartenausbau abzuheben, holte er 3000 Euro ab. Noch schlimmer war: Als er auf dem Weg nach Hause war, war er total durcheinander, er wusste nicht mehr, wo er wohnte. Zum Glück wusste er noch die Nummer seiner Frau. Anschließend musste er seine Frau anrufen, damit sie ihn abholte.

Seitdem ist seiner Familie bewusst geworden, dass Helmut an Alzheimer litt. Die Symptome verschlimmerten sich rasant, die Ärzte waren auch ratlos.

Mitte 2010 hat Helmut mich zum letzten Mal besucht. Er erzählte mir, dass sein Anwalt in den nächsten Tag kommen wolle, er habe sein Testament schon angefertigt, er möchte in der verbleibenden Zeit alles über die Bühne bringen. Die Hoffnung stirbt zuletzt. Er hoffte, dass in absehbarer Zukunft ein Wunder geschieht, das seine Krankheit aus der Welt schafft.

Ein paar Monate später erfuhr ich von seinem Mitarbeiter, dass Helmut seine Arbeit gekündigt hat und ein totaler Pflegefall geworden ist.

Harun

Ein paar Straßen weiter von meiner Wohnung befindet sich eine kleine Autowerkstatt. Der Besitzer heißt Harun und ist Türke. Harun ist sehr freundlich und nett, vor allem ist seine Reparaturarbeit sehr günstig. Wenn mit unserem Auto etwas nicht in Ordnung ist, gehen wir gerne dorthin und nehmen seinen Service in Anspruch. 2008 haben wir die Werkstatt entdeckt und seitdem gehen wir nirgendwo anders mehr hin. Mit der Zeit kennen wir uns auch besser.

Nachdem er erfahren hatte, dass ich Astrologin bin, wollte er eine Prognose von mir gestellt bekommen. Ich lehnte es rasch ab. Weil ich schon öfter gehört hatte, dass in der Türkei, nach der Geburt des Babys die meisten Familien erst Monate später oder sogar Jahre später zum Amt gehen und das Baby anmelden. Die meisten Geburtsdaten sind ungenau und entsprechen nicht dem wahren Geburtsdatum.

Harun schwor, dass sein Datum richtig war. Denn seine Eltern kamen aus der Stadt, nach der Geburt wurde er sofort gemeldet.

Harun wurde am 06. Mai 1969 um 12.00 Uhr geboren.

»2006 und 2007 ist die Chemie zwischen dir und deiner Frau nicht mehr stimmig, eine Trennung wird sich nicht vermeiden lassen.« Ich legte sofort los.

»Ja, stimmt«, sagte er. »2007 hat mich meine Frau verlassen, angeblich weil ich zu viel gearbeitet habe.«

Über ihn gab es sehr viel Positives zu berichten, aber auch Negatives: Das Jahr 2005 war mir sofort ins Auge gesprungen. Das war kein gutes Jahr. Das war ein Jahr, wo Probleme in den Bereichen Nerven, Gelenken und Knochen auftauchen würden und sich sein Leben von Grund auf verändern würde. Danach fragte ich ihn. Kaum war meine Frage zu Ende gestellt, begann er eine unglaubliche Geschichte zu erzählen.

Im Herbst 2005 war sein rechtes Bein plötzlich kürzer geworden. Er humpelte die ganze Zeit durch die Gegend. Keiner wusste, was da los war. Er ging von Arzt zu Arzt, keiner konnte ihm eine zufriedenstellende Erklärung geben. Er flog sogar in die Türkei, um Rat zu holen. Sein Alltagsleben war stark beeinträchtigt, er war völlig verzweifelt. Harun sah keine Aussicht auf Besserung, letztlich kam nur eine Operation in Frage. Ein Termin mit dem Arzt war vereinbart.

Im Winter 2005 unterzog er sich einer Operation am Bein. Die Ärzte schnitten den Oberschenkel seines rechten Beines auf und schoben Spezialmaterial dazwischen, sodass die zwei Beine gleich lang wurden. Das war ein starker Eingriff. Harun musste elf Monate lang im Bett liegen und die Engel im Himmel singen hören. Es warf ihn völlig aus der Bahn. Ich konnte absolut nachvollziehen, was für eine Tortur er durchmachen musste.

Ich zeigte ihm mein Mitgefühl und schaute deshalb noch genauer in sein Horoskop. Mir fiel auf, dass 2011 wieder so ein schlechtes Jahr war, in dem sich das Jahr 2005 wiederholt. Ich nahm kein Blatt vor den Mund und warnte ihn sofort.

Eines Tages im Sommer 2011 beobachtete einer seiner Mitarbeiter, wie Harun beim Gehen humpelte. Darauf wies der Mitarbeiter ihn hin. Mit der Zeit wurde es immer schlimmer. Harun hinkte stark auf einem Fuß. Er stellte fest, dass sein rechtes Bein, das vor sechs Jahren operiert worden war, komischerweise wieder länger geworden war. Harun war von panischer Furcht erfüllt.

Er eilte zu den Ärzten, die ihn operiert hatten. Die Ärzte waren sprachlos, jedoch zweifelten sie an seiner Aussage. Wie konnte Harun sich so sicher sein, dass sein rechtes Bein wieder länger geworden war, statt dass sein linkes Bein kürzer geworden war?

Harun ahnte, was die Ärzte ihm für Fragen stellen wollten. Er holte sein Notizbuch heraus. Es stand dort schwarz auf weiß. Er hatte nämlich im Jahr 2005 die Länge seiner beiden Beine vor und nach der Operation ganz genau gemessen und alles akribisch aufgeschrieben. Es war offensichtlich, dass diesmal wieder sein rechtes Bein Probleme bereitete.

So etwas hatten die Ärzte noch nie gehört oder erlebt. Sie standen vor einer dunklen und verfahrenen Situation und waren mit ihrem Latein am Ende. Harun war total durch den Wind. Aber eine voreilige Operation kam für ihn nicht mehr in Frage. Er wollte nicht noch so eine Qual erdulden.

Er kaufte sich eine Schuheinlage für das linke Bein und musste damit leben.

Ein Italiener und ein Russe

Anfang 2004 war ein italienisches Paar bei mir. Nach europäischer Norm sahen die beiden ziemlich klein aus. Sie kamen ursprünglich aus Süditalien.

Der Mann wurde am 25. März 1957 um 7.30 Uhr geboren. Kaum hatte das Paar mir das Datum gegeben, fing der Mann an, laut zu werden: »In Sachen Ehe bin ich ganz treu, ich bin mein ganzes Leben noch nie fremd gegangen.« Er war vorlaut. Das sind für mich typische Leute, die etwas zu verbergen haben.

In diesem Moment klingelte das Handy seiner Frau. Sie entschuldigte sich und ging aus dem Zimmer.

Ich nutzte diese Gelegenheit und fragte den Mann: »Wer war die Frau, in die du dich im Jahr 2000 verliebt hast?«

Der Italiener war völlig überrumpelt. Er war nicht darauf vorbereitet, dass ich ihm so eine Frage stellte. Nervös schaute er sich einmal um, um sicherzustellen, dass keiner mithörte. Er flüsterte mir ins Ohr: »Ich liebe meine Frau doch mehr, oder?«

Ich ließ nicht locker und fragte weiter: »Wer war wieder die Frau, in die du dich 1986 verliebt hast?

Er war richtig geschockt, dass ich ihn »erwischt« hatte. Aber ich bin kein Moralapostel, außerdem war es alles schon Vergangenheit, diese Geschichte blieb das Geheimnis zwischen ihm und mir.

Astrologisch gesehen war seine Wasserenergie, die für Nieren und Blase steht, stark beschädigt. Diese konnte ich in seinem Horoskop ablesen. Darauf wies ich ihn hin. Ich fragte: »Leidest du stark an Nieren- oder Blasenproblemen? Warst du letztes Jahr (2003) beim Arzt und hast die Krankheit behandeln lassen?«

Er sagte sofort »ja«, denn letztes Jahr hatten die Ärzte einen Tumor an seiner Blase entdeckt und ihn gleich operiert und entfernt. Die Operation war erfolgreich gewesen. Er war momentan zufrieden, obwohl die Angst immer bleiben würde.

In der zweiten Geschichte geht es um einen Russen, genauer gesagt, um einen Juden. Der junge Mann wurde am 28. März 1976 um 10.00 Uhr in Russland geboren und mit 16 Jahren war er nach Deutschland gekommen.

Er war von den fünf Elementen dem Erde-Element zugeordnet. Im Jahr 2010 und 2011 hatten die meisten Menschen, die dem Erde-Element angehören, mehr oder weniger zu leiden. Bei ihm war die astrologische Kombination sehr ungünstig aspektiert, deshalb warnte ich ihn im Vorfeld und gab ihm ein paar Ratschläge.

Ich erinnere mich noch genau, was ich damals zu ihm sagte: »Im Jahr 2010 und 2011 werden alle Bereiche in deinem Leben mit Stolpersteinen versehen. Du wirst anders ticken. Bitte nimm mehr Rücksicht auf deine Frau und deine Familie. Beruflich musst du wachsam sein, nichts Neues probieren oder investieren.«

2012 kam er zu mir und bestätigte es mir. Nach seinen Worten waren die vergangenen zwei Jahre total mies. Sein Geschäft war im Eimer, von seiner Frau hatte er sich auch getrennt. Er hatte das Gefühl, dass sich alles gegen ihn gewendet hatte. Alles, was er angefasst hatte, ging zu Grunde.

Ich fragte ihn nach dem Grund, weshalb er seine Frau verlassen hatte. Daraufhin antwortete er, dass er eines Nachts so eine Erleuchtung hatte, dass er demnächst eine Jüdin heiraten würde. Er schien wachgerüttelt worden zu sein, seitdem suchte er unentwegt nach seinen Wurzeln und dem wahren Ich.

Nach fünfzehn Jahren Ehe hatte er seine Frau und das Kind sitzen lassen. Ich wunderte mich über die Kräfte da »oben«.

Er fragte mich, ob die Pechsträhne bei ihm vorbei sei. Was komme im Jahr 2012 auf ihn zu? Sei eine neue Frau in Aussicht?

Ich beantwortete seine Frage nicht, sondern lenkte die Unterhaltung auf ein anderes Thema. Ich fragte ihn, ob er an einer schwachen Blase leide und ob er im Genitalbereich Beschwerden habe, denn 2012 war ein Jahr, das alle schwachen Punkte in diesen Bereichen aufzeigt. Frauen zum Beispiel würden meistens an Frauenbeschwerden leiden und viele verschiedene Symptome können auftreten. Von Brustschönheitsoperation bis zu Brustkrebsoperationen, alles sei an der Tagesordnung.

Zu meiner Überraschung sagte er, dass er sich schon lange mit der Idee beschäftigte, sich beschneiden zu lassen. Als Jude fühle er sich nicht sauber und vollkommen, solange er noch die Vorhaut habe. Deshalb habe er sich einen Arzttermin im August geholt. Zu der vereinbarten Zeit werde er nach Israel fliegen und sich dort im Krankenhaus einer kleinen Operation unterziehen.

Er fragte mich, was ich dazu sage.

Was konnte ich noch dazu sagen, es war eine beschlossene Sache.

Im August flog der Russe nach Israel und ließ die Operation dort vornehmen. Es lief alles reibungslos für ihn. Seitdem ist er zufrieden mit sich und seiner Umwelt. Er hat seine innere Ruhe gefunden.

Inkontinenz

Vor einigen Jahren klingelte es eines Morgens bei mir an der Haustür. Eine Frau stand davor und stellte sich vor. Ihr Name war Brigit und sie war Besitzerin eines kleinen Hotels in der benachbarten Stadt. Sie war um die fünfzig und wirkte sehr sympathisch. Fleißig verteilte sie die Broschüre über ihr Hotel.

Herbst 2011. An einem Wochenende kam Brigit wieder zu mir, dieses Mal ging es um Astrologie. Sie gab mir das Datum eines Mannes, aber wollte nicht verraten, um wen es sich handelte. Brigit fragte mich, ob ich anhand des Datums etwas über seinen Gesundheitszustand sagen könne.

Brigit war eine vertrauenswürdige Person. Ihr half ich doch gern.

Der Horoskopeigner wurde am 24. September 1966 um 7.10 Uhr geboren. Nach der Fertigstellung seines Horoskopes fiel mir sofort auf, dass er an Nieren- und Blasenproblemen litt. Inkontinenz und Impotenz plagten ihn ständig. Denn in seinem Geburtshoroskop dominierte die Erde-Energie, dadurch war die Wasser-Energie, die auch für den Genitalbereich und Potenz zuständig ist, stark geschädigt.

Ich gab meine »Diagnose« an Brigit weiter, darüber war sie sehr aufgeregt. Ohne zu zögern erzählte sie mir eine seltsame Geschichte: »Anfang der Woche hat eine Firma aus Süddeutschland bei uns übernachtet. Wir waren froh, dass unsere Bude endlich voll war. Am nächsten Morgen, als ich im Keller war, hörte ich, dass das Wasser aus einem Zimmer durchgehend lief. Ich habe mir nichts dabei gedacht. Zwei Stunden später machte ich wie jeden Morgen die Reinigungsarbeiten. Als ich das Zimmer eines Monteurs betrat, blieb mir fast die Luft weg. Da lagen in den Ecken überall Bier- und Schnapsflaschen. Das Zimmer hat stark nach Alkohol und Urin gestunken. Als ich die Bettwäsche in Ordnung bringen wollte, wurde mir speiübel. Die Bettdecke und die Matratze waren voller Nässe, es roch nach Pisse, es stank bis zum Himmel. Mir war sofort klar, dass der Monteur letzte Nacht ins Bett gemacht hatte. Am nächsten Morgen versuchte er noch vergeblich zu waschen, daher kam das laufende Wassergeräusch.«

Brigit trank einen Schluck Kaffee. Sie atmete ein und aus, als ob sie alle unangenehmen Gerüche loswerden wollte. Sie erzählte weiter: »Mir blieb nichts anderes übrig, als das ganze Bettzeug wegzuwerfen. Das Zimmer habe ich den ganzen Tag gelüftet und gereinigt. Das Bett habe ich neu eingedeckt. Als der Monteur von der Arbeit zurückkam, habe ich ihn damit konfrontiert. Es war ihm sehr peinlich und er hat sich bei mir mehrmals entschuldigt. Er bat mich, den Vorfall nicht seinem Kollegen zu erzählen. Er drückte 250 Euro in meine Hand und versprach, dass so etwas nie wieder vorkommen würde.«

Brigit holte kurz Luft, ihre Aufregung hielt vor: »Zwei Tage später wiederholte sich dasselbe Theater. Das ganze Bettzeug plus die nagelneue Matratze mussten entsorgt werden. Dieses Mal hat er ohne Worte wieder 250 Euro plus 30 Euro Trinkgeld für die Putzfrau in meine Tasche gesteckt. Daraufhin habe ich sein Geburtsdatum verlangt, um festzustellen, ob er ein Bettnässer ist.«

Zum Schluss bedankte sich Brigit für die Prognose: »Es ist eine große Hilfe für meine Entscheidung«, sagte sie. »Nächste Woche, wenn die Firma mich nochmal anruft, werde ich sagen, dass Sie woanders Unterkunft suchen müssen. So ein Theater will ich nicht mehr mitmachen.«

Zum Glück war die Firma demnächst in Norddeutschland unterwegs, so erspart sich Brigit allen Ärger.

Diese Geschichte wird sich nicht so schnell aus meinem Gedächtnis löschen. Ich denke noch ab und zu an den armen Monteur. Sein zweimaliges Urinieren hatte ihn den ganzen Wochenlohn gekostet. Warum geht er nicht zum Arzt und lässt sich behandeln, warum kann er nicht enthaltsam sein und nicht so viel trinken? Die Antwort liegt auf der Hand, denn er kann nichts dafür, sein Leben ist so programmiert. Es klingt traurig, aber es ist wahr.

Herzinfarkt

Im Jahr 2007 baten wir eines Tages einen Computerfachmann, unsere Technikprobleme im Haus zu lösen. Nach kurzer Zeit wurde der Fehler behoben, der Fachmann schien sein Handwerk zu verstehen.

Mir war in der kurzen Zeit aber aufgefallen, dass er dauernd an seinem Handy rumfummelte. Entweder klingelte sein Handy oder er schrieb SMS zurück, es gab keine Sekunde Ruhe.

Ich war damals eine starke Handygegnerin. Es hatte auch seinen Grund, denn ich spürte deutlich die schädlichen Strahlen und bekam dadurch unheimliche Kopfschmerzen. Deshalb nahm ich bewusst Abstand zu Handys oder Computern, wenn es möglich war. Wenn kein Notfall besteht, werde ich auch nie ans Handy gehen.

Der Fachmann erzählte mir, dass er, außer acht Stunden im Büro am Computer, die restlichen Stunden auch am Computer oder mit SMS-Schreiben verbrachte. Er konnte sich nicht vorstellen, ohne Computer oder Handy zu leben, er steckte sein Handy sogar unters Kopfkissen, wenn er nachts ins Bett ging.

Seine Worte machten mich stutzig. Vor einiger Zeit hat mir ein Herzinfarktpatient dasselbe erzählt, dass er jeden Tag 24 Stunden mit seinem Handy verbringt. Vielleicht hat das eine mit dem anderen nichts zu tun, trotzdem war meine weibliche und berufliche Neugier geweckt. Ich fragte den Fachmann höflich, ob ich nach seinem Lebensverlauf schauen dürfte.

Sein Name war Alexander, er wurde am 16. November 1952 um 0.02 geboren. Als ich sein Horoskop erstellte, wurde mir sofort bewusst, dass es einer der extremsten Fälle ist, den ich jemals gehabt hatte. Nach Bazi Suanming war seine Yin- und Yang-Energie total aus dem Ruder geraten, das Gleichgewicht des Elementes war stark strapaziert worden.

Alexander war nach den fünf Elementen dem Wasser-Element zugeordnet. In den acht Zeichen waren sechs Zeichen Wasser-Elemente; das kleine, winzige und schwache Feuer, das sich in dem Geburtshoroskop befand und das Herz symbolisierte, drohte jeden Augenblick von der Strömung des Meereswassers gelöscht zu werden. Kein Wunder, dass Handys, die dem Feuerelement angehören, ihm nichts ausmachten.

Ich wollte keine Panik auslösen, deshalb stellte ich ihm nur Fragen, keine konkrete Aussage. Ich fragte Alexander, ob er Herzbeschwerden habe. Daraufhin verneinte er sofort: »Ich bin kerngesund.« Er schien mit meinem Worte nichts anfangen zu können. »Ich treibe viel Sport, spiele oft Fußball und Tennis, mit meiner Ernährung bin ich auch sehr vorsichtig. Mir kann nichts passieren.«

Alexander wehrte sich mit Händen und Füßen davor, dass er Probleme mit seiner Gesundheit haben könnte; vielleicht fühlte er sich wie ein Schwächling, wenn er so was zugab, dennoch warnte ich ihn. Ich hob hervor, dass er in der Zukunft seinem Herz mehr Aufmerksamkeit schenken soll, besonders in den Jahren 2007 und 2013.

Im Laufe der Jahre schickte Alexander mir hin und wieder eine SMS, ich schrieb ihm nie zurück, weil ich es nicht konnte und auch nicht wollte; das wusste Alexander auch.

2013 hörte ich fast ein ganzes Jahr lang nichts von Alexander, ich dachte dabei auch nichts Schlimmes, vielleicht hatte er aufgehört zu schreiben, weil er keine Resonanz bekam. Aber innerlich hatte ich so eine dunkle Vorahnung und ein ungutes Gefühl …

Im März 2014 meldete sich Alexander überraschenderweise wieder, kurz danach stattete er mir einen Besuch ab. Alexander war fast außer sich, als er erzählte, dass er im Jahr 2013 einen Herzinfarkt gehabt hatte.

Juni 2013. Eines Morgens, als er aus dem Haus kam, bekam er auf einmal keine Luft mehr, von einer Sekunde zur anderen war er bewusstlos geworden und zu Boden gefallen. Als er erwachte, lag er schon auf dem Bett im Krankhaus. Das erste, woran er gedacht hatte, war meine Warnung.

Die Ärzte erzählten ihm, dass er im Laufe der Jahre bereits mehrere kleine Herzinfarkte gehabt hatte. Jetzt war sein Herz nur dreißig Prozent funktionsfähig; er hatte sich mehreren Operationen am Herzen unterzogen. Arbeiten durfte er nicht mehr und jetzt war er Rentner. Er hatte sein Leben komplett umgekrempelt.

»Hast du vorher nicht gemerkt, dass irgendetwas mit deinem Herzen nicht stimmt? Hast du noch nie Beschwerden gehabt? Hast du vorher nie eine Herzuntersuchung machen lassen?« Ich hatte einige Fragen an ihn.

»Doch«, antwortete Alexander. »Manchmal hatte ich im Arm oder in der Schulter Schmerzen gespürt, aber ich habe alles aufs Tennisspielen geschoben; außerdem dauerte der Schmerz meist nicht lange, deshalb habe ich es nicht ernst genommen. Die kardiologische Untersuchung habe ich leider nie in Anspruch genommen.«

Alexander lief es immer noch kalt den Rücken herunter, wenn er daran zurückdachte, wie der Tod ihn gestreift hatte. Aber es ging ihm im Moment sehr gut, er hatte aufgehört zu rauchen, Stress konnte er gar nicht mehr gebrauchen. Ein kleiner Spaziergang im Park oder ein Sonnenbad in seinem Wintergarten waren im Moment seine einzigen Tätigkeiten.

Träume

Jeder von uns träumt einmal. Der eine träumt mehr, der andere weniger. Manchmal vergessen wir unsere Träume, aber es gibt auch Leute, die sich zu bestimmten Stunden an jedes Detail ihres Traumes erinnern können. Manche träumen wirres Zeug und manche bekommen häufig Albträume.

Mithilfe von Astrologie (Bazi Suanming) und anhand des chinesischen Mondkalenders bin ich dem Traum auf die Schliche gekommen. Ich habe erkannt, dass unsere Träume sehr stark von der geistigen Welt »manipuliert« werden. Wie ich schon am Anfang erwähnte, hat uns die geistige Welt 24 Stunden fest im Griff.

Ich träume unheimlich viel. Im Laufe der Zeit habe ich den Zusammenhang zwischen Träumen und Astrologie entdeckt, nämlich spiegeln sich die Träume, die man träumt, in der Sprache der Astrologie wider. Zum Beispiel, wenn ich zwei Stunden lang den »Vertreib-Magen-Aspekt« hatte, träumte ich wiederholt, dass Essen im Überfluss serviert wird. In meinem Traum habe ich gegessen und gegessen, bis mir schlecht wurde. Oder ich vertilgte im Traum eine Flasche Sauergurken oder kaute an manchen undefinierbaren Sachen, was mir auf den Magen schlug.

Albträume habe ich zum Glück nur selten, im Gegensatz zu vielen anderen Leuten. Später erkenne ich, dass alles schon aufgrund des Geburtsdatums vorherbestimmt ist, auch unser Albtraum.

Ich erinnere mich an den ersten Besucher, den ich nach seinem Albtraum gefragt habe. Er wurde am 10. Juli 1962 um 12.50 Uhr geboren. Ich fragte ihn, ob er öfter von Messerstichen träume. Daraufhin wirkte er ziemlich aufgeregt. Er bestätigte mir, dass er alle paar Tage in seinem Traum um sein Leben rennt. Meist lief eine Gruppe von Menschen oder auch eine Person hinter ihm her, mit einem Messer in der Hand. Meistens entkam er nicht und wurde abgestochen. Er wachte öfters schweißgebadet auf. Er war froh darüber, dass es nur Albträume waren und nicht die Realität.

Ein anderer Besucher war Psychologe von Beruf. Seine astrologische Konstellation war nicht so schlimm wie die von dem vorherigen Herrn. Er wurde am 01. Januar 1961 um 9.30 Uhr geboren. Auf meine Frage, von welchem Typ Albtraum er geplagt wird, bezüglich Nadel- und Messerstichen, antwortete er: »Ich hatte gestern solch einen merkwürdigen Traum. Mein Hund konnte auf einmal sprechen und da ich von starken Kopfschmerzen geplagt wurde, hat mein Hund sich rührend um mich gekümmert und mir Akupunkturnadeln in den Kopf gesteckt.«

Im Sommer 2013 kam eine ältere Dame zu mir. Sie wollte für ihren Sohn ein Horoskop erstellt haben. Ihr Sohn wurde am 13. Januar 1957 um 13.00 geboren. Am Ende der Beratung fragte ich die Frau, ob sie wisse, dass ihr Sohnemann nachts von schlimmen Albträumen gequält wird und dass er immer wieder von Kugelgeschossen träumt. Die Dame hatte keine Ahnung, denn ihr Sohn war ziemlich reserviert und verschlossen. Er würde nichts erzählen, wenn man ihn nicht danach fragt. Am nächsten Tag rief mich die Frau an. Sie bestätigte mir, dass ihr Sohn regelmäßig von Albträumen heimgesucht werden würde. Entweder wurde er von einem oder mehreren Leuten erschossen oder befand sich im Krieg, wo es überall Kugeln regnete. Seit zwanzig Jahren hatte er diese furchtbaren Albträume, er musste öfter in der Nacht um sein Leben kämpfen.

Es gibt aber nicht nur Albträume sondern auch schöne Träume. Zum Beispiel, wenn die Urlaub-Genuss-Stunde kommt, träumte ich, dass ich mich in der Einkaufstrasse in der Stadt Peking oder Wien befinde. Es waren so viele schönen Sachen und Lokalspezialitäten vorhandeln. Vor Freude über den großen Genuss vergaß ich alles um mich herum.

Das Universum gibt vor, was wir träumen. Wenn »Die Lottofee« in den Stunden zuständig ist, bekommt man im Traum einen Batzen Geld geschenkt oder man findet Münzen auf der Straße, natürlich gehört eine Lottogewinn auch dazu. Wenn »Die Sex-Göttin« an der Reihe ist, bekommt man einen Traummann oder eine Traumfrau geschickt. Ich kann mich an meine Freundin erinnern, die von Beruf Hausfrau ist. Als wir eines Tages zum Thema Männer kamen, erzählte sie mir scherzhaft, dass sie selten von Männern träume. Ich meinte zu ihr, dass es daran liegt, dass sich ihr Männeraspekt zwischen 8 und 10 Uhr morgens befindet, um die Zeit, wo sie gerade aufsteht. Auf meinen Hinweis ging sie nun später ins Bett, um morgens eine Stunde länger schlafen und von Männern träumen zu können. Es funktioniert tatsächlich, in der besagten Zeit bekam sie öfter Traumprinzen in ihre Träume geschickt, sie kuschelten miteinander, es waren Schmetterlinge pur, ein schönes Gefühl.

Als die Uhr zur Sommerzeit umgestellt wurde, war ihr Traum auch geplatzt, denn sie hätte noch eine Stunde länger schlafen müssen, was kaum möglich war. Sie hasst die Sommerzeitumstellung, auf den Winter muss sie immer warten, um ihren Traumprinzen zu treffen.

Am Abend des 02. April 2014 spielte Dortmunds Fußballmannschaft gegen Madrid. Mein Mann war sehr aufgeregt und saß rechtzeitig vor dem Fernseher, um das Spiel nicht zu verpassen. Aber er kam nicht zur Ruhe, weil da ein Freund von ihm dauernd anrief. Der Freund, der dem Feuer-Element angehörte, befand sich gerade in einer kurzen Depressionsphase, die mindestens zwei Tage andauerte. Deshalb riet ich meinem Mann ein bisschen mehr Geduld zum Freund aufzubringen, ein Gespräch würde ihm gut tun.

Am nächsten Tag traf ich eine Nachbarin im Kaufhaus. Sie rannte zu mir, als sie mich sah, und fragte mich, ob sie heute einen Depressionstag habe. Ich antwortete mit »ja«, weil sie auch dem Feuer-Element angehörte. Da erzählte sie mir, dass sie die vergangene Nacht immer von Albträumen geplagt worden war. Sie wurde in dem Traum von mehreren Leuten getreten und niedergemacht. Sie wurde immer wieder als Versagerin und Nichtsnutz und als Loser und Niete beschimpft. Es war total deprimierend und niederschmetternd. Um ihren Frust und ihre Depressionen loszuwerden, plante sie diesen Morgen eine Shoppingtour.

Bei manchen hochspirituellen Menschen versucht die geistige Welt auch durch die Träume zu kommunizieren. Man soll sich selbst beobachten und Signale annehmen, damit das Leben erleichtert und verschönert wird.

Im Winter 2010, kurz vor Weihnachten, buchten wir eine Reise nach Barcelona. Vor dem Start waren sämtliche Flughäfen wegen Schneefalls lahmgelegt. Es herrschte Chaos am Düsseldorfer Flughafen; keiner wusste, wann der Flug stattfindet. Ich blickte auf die dicken Schneeflocken, die vom Himmel fielen, und bekam plötzlich Angst. Das war das erste Mal, dass ich Flugangst bekam, meine Hand zitterte, als ich nur ans Fliegen dachte. Ich betete zu Gott, dass er mir einen Hinweis geben sollte, ob ich diesen Flug überstehen konnte, obwohl ich wusste, dass ich nichts zu befürchten hatte. In derselben Nacht träumte ich, dass ich ein Skelett in der Hand trug. Am nächsten Tag schlug ich in meinem chinesischen Buch »Traumdeutung« nach, dort stand, dass das Skelett in diesem Fall Glück und langes Leben bedeutet, dadurch war ich auch von meiner Angst befreit.

Jeder Mensch ist verschieden, unsere Träume sind auch verschieden. Ich schreibe dieses Kapitel, weil Träume ein wichtiger Teil unseres Lebens sind. Vor kurzem verkündeten amerikanische Wissenschaftler, dass jeder von uns im Leben über sechs Jahre mit Träumen verbringt und jeder träumt in der Nacht durchschnittlich vier bis sieben Träume, was im Großen und Ganzen mit der Lehre der chinesischen Astrologie übereinstimmt. Aber die Geister in der Nacht sind so lebendig und aktiv, dass wir viel mehr träumen, als die Geräte messen können.

Der Traum spielt eine große Rolle in unserem Leben und beeinflusst, in welcher Verfassung wir uns am Tag befinden. Jeder soll sich individuell mit seinem Traum befassen, sich beobachten, sich entdecken und die Signale richtig einfangen. Mit einem Wort, man soll das Beste aus seinem Traum machen.

Tod

Eines Abends im Jahr 2012 schaute ich eine Talkshow an. Eine Frau erzählte im Fernsehen, wie ihr auf einem Jahrmarkt von drei Frauen gesagt worden sei, wann sie sterben würde. Dieses Gespräch beeindruckte mich sehr und regte mich zum Nachdenken an. Früher hatte ich schon gehört, dass manche Chinesen durch Gesichtsanalyse oder Handlesen den Tod vorhersagen können, manche Blinde durch Tasten oder Rechnen das Sterbedatum erkennen können. All das hatte ich nicht so ernst genommen bis zu dem Tag, als ich die Geschichte der Frau hörte. Ihre Worte riefen in mir das Verlangen hervor, dem Tod auf den Grund zu gehen. Ich dachte mir, dass es auch in der chinesischen Astrologie stehen muss, wann wir sterben würden.

Nach einem halben Jahr der Untersuchung und gründlicher Forschung plus meiner spirituellen »Gene« hatte ich herausgefunden, dass unser Tod auch vorherbestimmt ist. Liebe Leser und Leserinnen, wenn Sie diese Aussage erfahren, sind Sie womöglich geschockt; viele finden es auch schauderhaft und grauenhaft, seinen Tod vorher zu wissen. Keine Bange, der Tod gehört zu unserem Leben dazu. Ohne den Tod gibt es kein Leben. Er ist aber zeitlich, örtlich und gesellschaftlich bedingt. Ich bin noch der Ansicht, dass man dem Tod zum Teil entgehen kann, wenn man an das Schicksal glaubt. Zum Beispiel: wenn jemand vorher weiß, wo die Gefahr liegt, dann geht er nicht dorthin. Dem kosmischen Gesetz zufolge kann die Gefahr nicht ausgeschlossen werden, aber sie ist nicht mehr tödlich.

Überdies, dank der modernen Technik und dem Fortschritt medizinischer Forschungen können die Leute, die unter einer schweren Krankheit leiden, schneller geheilt werden, was früher unmöglich war.

Ich bin fest davon überzeugt, dass die Menschen, die spirituell veranlagt sind, entweder die Krankheit besser bewältigen oder sich die Leiden erträglicher machen können. Die Frage ist: Lässt die geistige Welt zu, dass wir alle in diesem Punkt Erleuchtung erhalten? Oder gehört das, einschließlich jeder Entwicklung, auch zu unserem Schicksal?

Aber es gibt definitiv Schicksale, wo es keine Rettung gibt. Ich habe keine Absicht, die Leute in Angst und Schrecken zu versetzen, hier möchte ich nur meine Erkenntnisse der Öffentlichkeit mitteilen. Das Leben hat seinen Plan. Dieser Ausdruck »zur falschen Zeit am falschen Ort« wird sehr gerne und sehr oft benutzt, wenn man die Sache rational nicht erklären kann oder die Berater mit ihrer Beratung nicht weiterkommen. Ich habe erkannt, dass alles zur richtigen Zeit und am richtigen Ort ist. Da gibt es »jemanden«, der bestimmt, wann wir kommen und wann wir gehen, es ist schier unmöglich, sich gegen diesen »Jemand« durchzusetzen oder ihn zu überlisten. Nichts wird dem Zufall überlassen.

Mit der Zeit muss ich leider auch feststellen, dass die Art und Weise, wie man stirbt, bereits in unserm Geburtsdatum verschlüsselt ist; ein guter Astrologe ist in der Lage, sie zu enträtseln. Mir läuft es kalt den Rücken hinunter, wenn ich so was schreibe, aber die Realität ist nun mal so grausam. Es gibt auf der Welt Millionen verschiedener Muster von Schicksalen, jedes Schicksal hat auch seinen eigenen geheimen Code; es ist schwierig, alle Codes zu entziffern, aber einige Daten sind sehr extrem und sprechen Bände. Zum Beispiel: In manchem Datum steht es deutlich, dass der eine durch eine Krankheit wie Magen- oder Lungenkrebs sterben wird und der andere durch Unfall ins Gras beißen wird, einige werden Opfer eines Gewaltverbrechens. Zum Glück ist es nur ein kleiner Teil der Leute, die ein schlechtes Schicksal erleiden; es gibt auf der Welt eine überwiegende Zahl von Menschen, die ein langes und glückliches Leben führen, die einen bruchlosen Lebenslauf haben.

Im Laufe der Zeit habe ich gelernt, dass man über den Tod nicht redet, weil der Tod in der westlichen Welt immer noch ein Tabuthema ist. Er ist angsteinflößend und schreckeinjagend. Er ist nichts für schwache Nerven. Außerdem bringt es auch nichts, wenn man den eigenen Tod vorher gesagt bekommt. Es wird nur Sorgen und Kummer verbreiten. Den Tod vorher zu berechnen, dient dem reinen wissenschaftlichen Zweck, darüber zu sprechen ist für mich bis jetzt noch ein Tabu und ein absolutes No go.

Aber eines muss ich zugeben, seitdem ich meinen eigenen Tod vorher errechnet habe, bin ich ein ganz anderer Mensch geworden. Ich habe mein Leben komplett umgekrempelt und was vorher wichtig für mich war, ist heute nicht mehr so von Bedeutung. Dinge, die vorher selbstverständlich waren, sehe ich jetzt mit anderen Augen. Ich nehme das Leben viel intensiver wahr und freue mich über jede Kleinigkeit. Mir ist bewusst geworden, dass man sein Leben schätzen und genießen soll. Meine Meinung, den Todeszeitpunkt vorher zu wissen, hat für mich zumindest nur Gutes bewirkt.

Hier schreibe ich eine kleine Geschichte auf, die ich in einer Zeitung gelesen habe. Es könnte wohl auch zu dem Schicksal gehören, aber die Geschichte ist fabelhaft und sehr beeindruckend: Mr. Zhang, der 95 Jahre alt war, war körperlich und geistig sehr gesund und fit, aber um das Geheimnis seines langen Lebens hatte er immer geschwiegen. Eines Tages, nach den inständigen und wiederholten Anfragen seines Neffen, hatte er doch das Geheimnis verraten.

Als Mr. Zhang noch jung war, war er ein kleiner Gauner und Schläger, Streitereien und Schlägereien waren an der Tagesordnung. Er schreckte vor keiner Untat zurück und trieb überall sein Unwesen.

Eines Tages, als Mr. Zhang aus einer Laune heraus einen Wahrsager besuchte, informierte ihn der Wahrsager, dass er nur noch ein paar Jahre zu leben hat.

Auf diese Aussage wirkte Mr. Zhang sehr allergisch, er war wütend und verärgert; er bedrohte den Wahrsager, dass er ihn grün und blau schlagen und seine kleine Bude zertrümmern würde, wenn die Aussage nicht zutrifft.

Aber die Worte des Wahrsagers saßen tief, sie beunruhigten ihn unheimlich. Zum Glück war Mr. Zhang auch ein sehr spiritueller Mensch, er hatte angefangen, Astrologie zu studieren. Je mehr er über Astrologie lernte, desto mehr Angst spürte er, der Schrecken saß tief in den Knochen, denn die Astrologie bestätigte und bekräftigte die Aussagen des Wahrsagers.

Von heute auf morgen hat Mr. Zhang sein Leben komplett verändert, er hat einen Schlussstrich unter sein voriges Leben gezogen und ist neu gestartet. Der alte Mr. Zhang ist gestorben, er existierte nicht mehr. Der neue Mr. Zhang lebte glücklich bis heute und erreichte ein hohes Alter.

Das vergangene Jahr und die großen Ereignisse

Bis jetzt ist den Lesern und Leserinnen klar, dass die chinesische Astrologie für jede Situation und jede Lebenslage eine aussagekräftige Antwort gibt und eine präzise Auskunft über den Lebensverlauf mit seinen Höhen und Tiefen liefert. Sie sagt nicht nur die menschliche Zukunft voraus, sie gibt auch Aufschluss über die Tierwelt. Den Lebenslauf von Knut, unserem Lieblingseisbär, kann man vorher ebenfalls errechnen. Aber am wichtigsten ist die Entwicklung unserer Gesellschaft. Man kann durch die Astrologie im Vorfeld gut erkennen, was in der Welt passieren wird. Um es unter Beweis zu stellen, habe ich besonders das Jahr 2013 unter die Lupe genommen.

Ich muss zuerst feststellen, dass es kein gutes Jahr für die meisten Menschen war, die dem Metall-Element zugeordnet sind. Es bedeutet, dass in diesem Jahr die dem Metall-Element angehörenden Leute von der geistigen Welt in die Mangel genommen werden würden und ihnen gezielt ihr Leben schwer gemacht werden würde. Die folgenden Ereignisse, die in diesem Jahr passierten, haben meine Voraussagen auch bestätigt.

Die erste negative Nachricht im Jahr 2013, die wir erfahren haben, war, dass der Papst seinen Posten niedergelegt und sich zurückgezogen hat. Viele verstehen seine Entscheidung nicht. Es war das zweite Mal überhaupt in der Geschichte, dass ein Papst seinen Posten aufgab, und es war ausgerechnet ein deutscher Papst.

Ich habe dagegen volles Verständnis für diese Entscheidung, weil es dem Papst gesundheitlich einfach nicht gut ging.

Beim zweiten Vorfall, der die ganze Welt geschockt hat, handelte es sich um den südafrikanischen Sportler Pistorius, er hat angeblich seine Freundin für einen Einbrecher gehalten und sie durch die Badtür erschossen.

Die Ereignisse, die danach geschahen, bleiben noch klar und deutlich in unserem Gedächtnis. Zum Beispiel: Die Steuerhinterziehung von Ulli Hoeneß ist ans Tageslicht gekommen; Snowdon wurde wegen Betruges, Verrat und Papierfälschung von der amerikanischen Regierung gejagt; ein berühmter Komiker wurde wegen sexueller Belästigung verklagt; ein bekannter Fußballer hat sein ungeborenes Kind verloren; die Wohnung einer Frauenrechtlerin wurde wegen Steuerhinterziehung von der Staatsanwaltschaft durchsucht.

Die oben genannten Täter oder Opfer sind alle dem Metall-Element zugeordnet. Ihr Leben wurde in so einem Jahr komplett auf den Kopf gestellt und es wurde ihnen alles auf verschiedene Art und Weise schwer gemacht. Sogar Deutschland, das auch dem Metall-Element angehört, ist eine gewaltige Flutkatastrophe widerfahren.

Sommer 2013 habe ich mir vorgenommen, eine Diagnose für den Herbst zu stellen, nämlich für August und September, um zu sehen, ob die Punkte, die ich aufgeschrieben habe, mit den Ereignissen der Welt übereinstimmen.

Meine Stichworte lauten: Thema Terrorismus, Vergiftung und Diebstahl. Ich muss leider feststellen, dass es in diesen zwei Monaten hauptsächlich und ausschließlich über diese drei Themen von den Medien berichtet wurde.

Anfang August habe ich mitbekommen, dass wegen Terrorgefahr 19 amerikanische Botschaften in Nahost geschlossen haben. Es hat zum Glück nicht lange gedauert, weil dieser Aspekt nur kurz war.

Apropos Vergiftung, in dieser Zeit wurde der syrischen Regierung vorgeworfen, Giftgas gegen die Bevölkerung eingesetzt zu haben, viele unschuldige Kinder und Frauen sind durch Giftgas gestorben. In Japan stieg der Index vom Atomkraftwerk rasant, Menschenleben wurden stark gefährdet. Was mir noch aufgefallen ist, war der tägliche Bericht über Brände, viele Leute wurden durch ausströmende Gase, die durch Feuer entstanden sind, durch einatmen zu Opfern. In dieser Zeit ist die Legionellenvergiftung in der Stadt Warstein ausgebrochen, mehrere Leute wurden gesundheitlich dadurch geschädigt.

Das dritte Thema ist Diebstahl. In dieser Phase wurden die Diebe und Langfinger besonders aktiv, sie scheuten nicht davor zurück, ein Verbrechen zu begehen. Es wurde berichtet, dass in Deutschland durchschnittlich alle vier Minuten ein Diebstahl geschieht. Ich glaubte, dass in diesen Zeiten jede Minute vier Diebstähle passieren würden. Aus diesem Grund habe ich meine Mutter angerufen und sie gewarnt. Am Telefon erzählte sie mir, dass in der vergangenen Nacht fünf Familien in der Nachbarschaft ausgeraubt wurden. In Deutschland war Diebstahl auch an der Tagesordnung, es wurde fast täglich davon berichtet. Einer älteren Dame wurde ihre Goldkette vom Hals weggerissen oder einer Frau wurde ihre Handtasche geklaut. Unsere Familie musste im Kaufhaus mit ansehen, wie ein Dieb einer schwangeren Frau das Portemonnaie aus der Hand riss und floh; die herzzerreißenden Hilfeschreie des Opfers klingen mir bis heute noch im Ohr. Es wurden auch 208 Schafe über Nacht geklaut, so die Bild-Zeitung.

Im Februar und März 2014 wiederholte sich derselbe Aspekt, nur dieses Mal war er wesentlich milder. Deshalb kamen auch die Berichte über den Smog in Peking und Paris, und die Fukushimagefahr in Japan, die außer Kontrolle war. Zudem nahmen die Brandmeldungen wieder zu. Viele Familienmitglieder starben an einer Kohlenmonooxidvergiftung. Sogar ein Polizeihund, der Menschenleben rettete, wurde vergiftet. Die Leute, die scheinbar von der Umwelt verschont wurden, litten mehr oder weniger an Lungen- und Bronchienbeschwerden.

Das ganze Jahr 2014 war ein Feuerjahr und es wiederholten sich die Themen: Terrorismus, Krieg, Vergiftung, Virus (Ebola) und Diebstahl.

Alles in allem sind die großen Ereignisse und Geschichten, die wir jeden Tag hören und erleben, kein Zufall, sie liegen auch in Gottes Hand. Die unglaubliche Geschichte, welche der Menschheit widerfährt, kann man durch Astrologie leicht erklären.

In den Jahren 2014 und 2015 dominieren in den Medien unter anderem die Themen Verschwinden, Sexualität, Ertrinken und Erdbeben. Die Beispiele geben einen Einblick in die Funktion der geistigen Welt: das Verschwinden und Unglück von Malaysia-Airlines-Flug MH370 und die Verfilmung des Buches 50 Shades of Grey. Außerdem sind viele Flüchtlinge traurigerweise im Mittelmeer ertrunken.

2014 und 2015 sind zwei ungute Jahre für viele Menschen, die dem Wasser-Element zugeordnet sind. Ein deutscher Politiker war sofort dran, es wurde wegen Kinderpornografie von der Staatsanwaltschaft ermittelt; eine berühmte englische Schauspielerin wurde in ihrer Wohnung tot gefunden und Hollywood Star Robin Williams hat Selbstmord begangen. Sogar die BVB-Fußballmannschaft, die dem Wasserelement zugeordnet ist, musste bei jedem Spiel bangen. Viele Leute mit diesem Element wurden mehr oder weniger gemobbt oder haben einen Rückschlag erlitten. Außerdem waren die Leute, die dem Wasserelement angehören, in diesen zwei Jahren leicht reizbar und konnten schnell an die Decke gehen, das könnte wiederum zu Konflikten und Eskalation führen. Zum Glück dauerte es für die meisten Leute nur zwei Jahre. 2016 und 2017 sind die Menschen dran, die dem Holz-Element zugeordnet sind.

Jedes Land, so wie jeder Mensch, hat seine eigene Geschichte und sein ganz individuelles Schicksal. Um eine treffende Aussage zu stellen, sollten wir das Horoskop jedes einzelnen Landes nachschauen und analysieren.

Zum Beispiel: Im Jahr 2015 ist das Metallelement in Deutschland, das Grenze und Mauer symbolisiert, stark beschädigt und defekt. Aus astrologischer Sicht existiert 2015 im Deutschland energetisch oder kosmologisch quasi keine Grenze mehr, diese Konstellation sorgt für Massenzuwanderung und Migration.

Sowohl die Geschichte jedes Landes als auch die Geschichte jeder einzelnen Person lehren uns, dass alles auf der Welt dem gottgegebenen und unangefochtenen Gesetz unterliegt, dass die irdische Welt lediglich eine riesige Bühne ist, auf der zahlreiche Dramen und Geschichten aufgeführt und präsentiert werden.

Das zu begreifen ist ein harter und langer Weg. Aber es lohnt sich, sich auf den Weg zu machen. Die Wahrheit zu erkennen hilft uns, jeden zu akzeptieren, so, wie er ist. Und viel wichtiger noch: Die Wahrheit befähigt uns, die Welt mithilfe Gottes zu verändern und zu einem besseren Ort zu machen.

Astrologie

Vor zwölf Jahren fing ich mit dem Kartenlegen an. Damals kaufte ich verschiedene Kartendecks und begann für mich selbst und danach für Verwandte Karten zu legen. Nach monatelangen Tests und Übungen entschied ich mich zum Schluss für Tarot-Karten, denn sie hatten mich förmlich angesprochen, ich kann damit am besten umgehen und mit ihnen am besten erklären und arbeiten.

Eines Tages zog ich aus Neugier eine Karte für meinen Mann, um zu sehen, was er für einen Mensch ist. Die Karte »Herrscher« fiel sofort heraus. »Herrscher« in der Tarot-Karte steht für Bodenständigkeit, Verantwortung, Sicherheit und Ordnung. Es ist eine der besten Karten, im negativen Sinn jedoch weist diese Karte auf einen Hauch Sturheit und Inflexibilität hin.

Als mein Mann von der Arbeit nach Hause kam, erzählte ich ihm gleich von meiner »Entdeckung«.

Ich schien seinen wunden Punkt getroffen zu haben. Mein Mann war gar nicht begeistert von dem Wort »Sturheit«. Um mir das Gegenteil zu beweisen, wollte er selbst eine Karte ziehen. Er nahm die 78 Tarotkarten in die Hände, zog eine heraus und schaute die Karte an: Es war der Herrscher!

Mein Mann fand es unmöglich. Er setzte sich hin und fing an, die Karten gründlich zu mischen. Er hat sie so lange gemischt, bis er es für ausreichend hielt, dann zog er eine Karte heraus, wieder den Herrscher!

Mein Mann traute seinen Augen nicht mehr. Er nahm alle Karten nochmal genauer unter die Lupe, um sicherzugehen, dass es nicht nur einen Herrscher gibt. Er legte die Karten sorgfältig auf den Tisch und wühlte sie mehrere Male durcheinander, dann zog er vorsichtig eine Karte heraus – was denkst du, was er hatte: den Herrscher!

Mein Mann war total aus dem Häuschen, wir spürten alle die Gänsehaut. Mein Mann sprang vom Stuhl und griff nach dem Telefonhörer, er wollte mit seiner Mutter telefonieren und ihr unbedingt diese unglaubliche Geschichte mitteilen.

Es erschien wie Magie, aber wir sind keine Zauberer. Wenn ich es selbst nicht erlebt und nicht mit meinen eigenen Augen gesehen hätte, würde ich es womöglich für Scharlatanerie, Hypnose und Hokuspokus halten. Dieser kleine Vorfall war zutiefst beeindruckend und erweiterte meinen mentalen Horizont. Dadurch war ich überzeugt, dass die geistige Welt existiert und überall anwesend ist, sie ist in unserer Gegenwart und versucht auf diese Art und Weise mit uns zu kommunizieren. Die Karte ist immer ein Stückchen voraus, weil unser Leben von oben schon vorprogrammiert und festgelegt ist.

Aber ich muss auch leider feststellen, dass die Karten an manchen Tagen doch nicht der Wahrheit entsprechen. An Tagen, an denen »schlechte Energie« für die Kartenleger zuständig ist, sorgen sie auch dafür, dass beim Kartenlegen alles falsch liegt. Daher kommen auch die Skeptiker zu ihrem Recht.

Besonders bei der Frage, wann kann ich einen Mann oder eine Frau kennenlernen, liegen die meisten daneben. Die beste Methode wäre eine Kombination von Astrologie und Kartenlegen, die auch das beste und aussagekräftigste Ergebnis erzielt.

Ich habe einmal im Fernsehen mitverfolgt, wie eine Frau jeden Tag im Café auf ihren Traummann wartete, da eine Hellseherin ihr vorausgesagt hat, dass sie dort ihren Traummann kennenlernen würde. Sie wartete schon vier Monate und verschwendete ihre Zeit und ihr Geld, um einer Fata Morgana nachzulaufen, und im Endeffekt war kein Mann in Sicht.

Mithilfe von Astrologie kann man herausfinden, ob jemand hellsehen kann oder wie lange diese hellsichtige Phase andauert. Hellsehen kann man nicht erlernen, es ist angeboren. Ich bin froh, dass ich nicht »sehen« kann, denn die meisten von denen, die es können, leben in zwei Welten; diese Fähigkeit beeinträchtigt Körper und Seele, wenn das Schicksal nicht stark genug ist.

Ich bin dankbar, dass Gott mir so eine Begabung gegeben hat, gut »rechnen« zu können. Manchmal fühle ich mich wie eine Botin und eine Botschafterin, die überirdische Informationen und Nachrichten übersetzt und anderen weitergibt. Ich wundere mich über die göttliche Kraft, der sich keiner widersetzen kann. Es gibt unzählige kleine Geschichten, die ich erlebt habe und für die man sich auch bestimmt interessiert.

Eines Tages im Sommer 2010 warnte ich meinen Mann, dass wir in den nächsten zwei Tagen den »Ärger-Aspekt« haben. Am nächsten Morgen fanden wir vor unserer Haustür ein Hundehäufchen. Mein Mann war sehr aufgeregt. Er vermutete, dass es der Hund war, der jeden Tag vor unserem Haus spazierte. Mein Mann wollte sich auf der Stelle mit dem Hundebesitzer auseinandersetzen.

Ich beruhigte ihn mit den Worten: »Sei froh, dass nichts Schlimmes passiert ist, dieser Zwischenfall erspart uns anderen Ärger, lass das doch lieber sein.«

Im Hinblick auf die Yin-und-Yang-Theorie war der Tag danach wieder so ein Ärgertag. Ich scherzte mit meinem Mann und sagte, dass der Hund morgen wieder vor unserer Tür sein Häufchen macht, obwohl wir beide es für unwahrscheinlich hielten.

Der nächste Tag, kaum war mein Mann aus der Tür, begann er laut zu schreien, der Hund hatte tatsächlich seinen Mist wieder vor unserer Tür hinterlassen. Mein Mann war stinksauer. Eigentlich liebte er Tiere abgöttisch, das Verhalten des Besitzers fand er jedoch nicht in Ordnung, er wollte sofort zu dem Hundebesitzer gehen und ihn zur Rede stellen.

Ich hielt meinen Mann fest und wollte ihn beschwichtigen, bevor ein Streit vom Zaun brach. Ich versicherte ihm, dass der Hund für lange Zeit nicht mehr vor unsere Tür machen würde, weil unser Ärger-Aspekt in Bezug auf das Thema Hund vorbei war.

Es ist bereits fünf Jahre her, seitdem hat der Hund uns in Ruhe gelassen. Es wurde mir bewusst: An einem solchen Tag muss man sich über etwas ärgern, die geistige Welt errichtet Hindernisse und legt absichtlich etwas quer in den Weg, damit du aus der Fassung geraten sollst und in das Gefühl Wut hineinfühlst. Zum Glück kenne ich die kleinen Tricks von »oben«, deshalb bin ich in vielen Dingen viel gelassener.

Durch jahrelange Erfahrung mit Beratung weiß ich, dass die meisten Menschen an Ehe und Beziehung interessiert sind. In jeder Ehe existieren Unebenheiten und Konflikte, das kommt in den besten Familien vor, bei mir ist es auch nicht anders. Mein Mann und ich führen generell eine harmonische Beziehung, aber an manchen Tagen gibt es ebenfalls Missverständnisse und Streitereien.

Zum Beispiel im Herbst 2011. Eines Tages blätterte ich in meinem chinesischen Mondkalender. Zufällig entdeckte ich, dass an dem Abend zwischen 22 bis 24 Uhr mein Mann und ich uns streiten würden. Mir war bewusst, dass an dem Abend Boxen im Fernsehen live übertragen würde. Ich vermutete, dass wir uns höchstwahrscheinlich über die Programmauswahl in die Wolle kriegen würden. Deshalb nahm ich mir vor, in dieser Zeit meinem Mann aus dem Weg zu gehen und mit ihm gemeinsam Boxen zu gucken.

Aber kurz, bevor der Boxkampf anfing, wollte mein Mann noch gemütlich vor dem Fernsehen ein Bierchen trinken. Er ging in die Küche und suchte nach einem bestimmten Bierglas. Nach einer Weile fragte er mich, ob ich sein spezielles Glas, das lang und groß ist, gesehen habe. Auf meine Antwort, »nein«, fing er an sich zu beschweren: »Du hast bestimmt mein Lieblingsglas weggeschmissen. Du wirfst gern alles weg.«

Wegen meiner Schweigsamkeit fühlte er sich noch mehr im Recht. Seine Stimme wurde immer lauter.

Es gab in dem Schrank so viele Gläser, aber er war versessen auf dieses eine. Er stellte die Küche auf den Kopf, um nach diesem Glas zu suchen, und gleichzeitig murmelte er, dass ich schuld sei.

Nach einer halben Stunden Unruhe war mein Geduldsfaden am Ende, ungewollt haute ich mit meiner Faust auf den Tisch, der vor mir im Wohnzimmer stand. Ich erschrak vor mir selber und es wurde richtig laut.

Als mein Mann merkte, dass ich sauer war, nahm er ganz leise vom Schrank ein anderes Glas und setzte sich kleinlaut vor den Fernseher.

Tagtäglich spielen sich in den Familien solche Szenen und Geschichten ab, davon kann ich ein Lied singen! Zum Glück sind es bei uns nur Stunden, die Unruhe stiften. Bei manchen Familien dauern diese Phasen tagelang, monatelang, sogar jahrelang. Kein Wunder, dass eine Scheidung unvermeidbar ist.

Astrologie zu lernen, macht mir unheimlich Spaß, ich habe auch das Händchen dafür. Manchmal kommt jemand, der mir eine Frage stellt, um mich einfach zu testen.

Zum Beispiel: Eines Tages im Jahr 2008 fragte mich jemand: »Kannst du sehen, was im Jahr 1996 mit mir passiert ist?« Nach kurzem Rechnen sagte ich: »Herzinfarkt«. Er bestätigte, dass er 1996 wegen eines Herzinfarktes mit dem Hubschrauber nach Bad Oeynhausen transportiert und operiert worden war.

»Und jetzt?«, fragte er mich weiter.

»Du hast Depressionen«, betonte ich.

Es stellte sich heraus, dass er momentan wegen Depression in ärztlicher Behandlung war.

Eines Tages, im Sommer 2007, suchte mich eine Frau auf, die im Jahr 1978 geboren wurde. Sie wollte wissen, was es für einen Tag für sie war. »Vorsichtig, Herzbeschwerden«, sagte ich. Sie war tatsächlich wegen ihrer Herzprobleme gerade beim Arzt gewesen.

Am 19. August 2011 kam ein junger Mann zu mir und fragte mich, was heute für ein Tag für ihn sei. Ich wies ihn rasch darauf hin, dass heute ein totaler Geldverlusttag für ihn sei. Daraufhin erzählte er mir, dass er gerade vom Gericht gekommen sei und dass er den Prozess, der um eine Immobilie im Wert von 100.000 Euro ging, verloren habe, obwohl sein Anwalt so siegessicher gewesen sei.

Ende August 2014 traf ich zufälligerweise auf einen Professor, einen meiner damaligen Klienten. Er litt schon jahrelang unter Depressionen, deshalb sprach ich ihn auf dieses Thema an. »Dir geht es bestimmt viel besser, weil 2014 ein gutes Jahr für dich ist. Leider befindest du dich in diesen zwei Monaten, nämlich August und September, wieder in einer depressiven Phase …«

Kaum hatte ich meine Worte zu Ende gesprochen, erzählte er mir, dass er Anfang des Jahres seine Tabletten gegen Depressionen abgesetzt hatte, da es ihm richtig gut ging. Aber vor zwei Wochen hatte er eines Tages am Frühstückstisch plötzlich angefangen zu weinen, nun musste er wieder seine Tabletten nehmen.

Es passieren im Leben ständig unerklärliche Dinge, die ein guter Astrologe aber deuten und begründen kann.

Eines Tages rief mich eine Freundin an. Sie fürchtete, dass sie ihre Haustür vergessen hatte abzuschließen, als sie früh morgens ihr Haus verließ. Sie befand sich zurzeit am anderen Ende der Stadt. Ich beruhigte sie, dass nichts geklaut werden würde, denn es war für sie kein Geldverlusttag und kein Ärgertag.

Als die Freundin später nach Hause kam, war sie ziemlich geschockt und gleichzeitig erleichtert. Die Tür, so wie sie befürchtet hatte, lehnte nur an, sie hatte vergessen sie zuzuschließen. Meine Freundin wohnt in einer Hauptstraße, täglich laufen unzählige Leute durch ihr Haus, aber nichts war passiert.

Es gibt hingegen Leute, die eine dicke Mauer vor der Tür haben, oder sie lassen hohe Zäune errichten, aber nichts ist sicher. Wenn man so einen »Diebstahl-Verlust-Aspekt« hat, werden von der geistigen Welt ein oder mehrere Diebe zu einem geschickt, um einem einen finanziellen Verlust zuzufügen oder das Gefühl Angst vor Augen zu führen. Wenn man vorher seinen Lebensverlauf kennt und sich in Acht nimmt, kann man die Schäden auch minimieren oder die Situation erträglicher machen.

Chinesische Astrologie (Bazi Suanming) ist umfangreich und vielseitig, sie dient nicht nur als Orientierung, sondern weist uns in jeder Lebensrichtung und Situation einen aufschlussreichen Weg. Die Story und Nachrichten, die uns täglich erreichen, sind auch so gewollt. Zum Beispiel: An einem bestimmten Tag läuft ein Film mit Tom Cruise oder Jackie Chan, weil die beiden an einem solchen Tag den »Berühmtheitsaspekt« haben. Am manchen Tagen wird Frau Merkel in Fernsehen scharf kritisiert, zum Beispiel am Abend des 09. Mai 2014 wurde sie in einer Satireshow sogar als Frau Bin Laden verspottet, weil sie an diesem Tag einen »Ärger-und-Mobbing-Aspekt« hatte. Bei manchen Menschen dauert diese Phase viel länger, das erklärt, warum sie öfter in die negativen Schlagzeilen kommen.

Das Schicksal jedes einzelnen Menschen ist vorherbestimmt, unser jegliches Verhalten, die Dinge, die wir tun, und die Dinge, die wir sagen, bestimmt auch unser lieber »Gott« für uns. Jedes einzelne Ereignis, das stattfindet, passiert nicht ohne Grund. Man sollte sich nicht wundern, wenn die Mitbürger anders denken, handeln oder sich anders benehmen. Der beste Weg ist, alle so zu akzeptieren, wie sie sind, und anderen nicht immer die eigene Meinung aufzwingen zu wollen.

Das Leben gilt es vor allem zu erfahren und zu fühlen. Astrologie hilft uns, die Gefühle oder Emotionen genauer zu definieren und zuzuordnen. Dadurch erkennen wir, dass hinter den Emotionen viel mehr steckt als nur Wut, Hass, schmerz, Zweifel, Eifersucht …

Die Gewissheit, dass alles bereits in dem Schicksalsplan verankert ist und zu seiner rechten Zeit kommen wird, hilft uns, besser mit den negativen Gefühlen oder Ereignisse umzugehen.

Es ist von Vorteil, das Gefühl einfach wahrzunehmen, hineinzufühlen und dann durchfließen zu lassen. Es ist sehr wichtig, alle Geschehnisse im Leben zuzulassen, zu akzeptieren und letztendlich wieder loszulassen. Dieser Prozess hilft uns, die Balance im Leben zu finden oder schnell zu unserem inneren Gleichgewicht zurückzukehren.

Astrologie lehrt uns: Wir leben in einer determinierten Welt. Diese Erkenntnis ist erst einmal schmerzhaft, aber sie hat etwas sehr Tiefgründiges. Sie ermöglicht uns einen Perspektivwechsel und hilft uns, dem Leben auf den Grund zu gehen. Dadurch verstehen wir uns selbst und unsere Mitmenschen viel besser. Statt Streit, Konflikt und Anfeindungen, hoffe ich, dass sich alles auf der Welt in Zufriedenheit, Harmonie, Mitgefühl und Respekt verwandeln könnte. Das bedeutsamste in der Sprache der Astrologie ist: Dahinter verbirgt sich eine große Botschaft, die uns zeigt, wie man letztendlich doch das Schicksal in die Hand nehmen und die Welt zu einem besseren Ort verändern könnte.

Am Ende drücke ich die Daumen für alle Menschen, besonders für die, die aufrichtig und offen sind. Ich hoffe, dass mein Buch als kleiner Wegweiser für ihre zukünftige Entwicklung dienen und ihnen bei der Überwindung von schweren Problemen helfen kann; man sollte nicht vergessen, dass am Ende des Tunnels immer ein Licht leuchtet. Mein größter Wunsch ist es, dass jeder einzelne von uns, wie bei einem »Drehbuch«, ein Happy End haben kann und wir uns in unserer »Rolle« wohlfühlen können.